山本博文
YAMAMOTO Hirofumi

「関ヶ原」の決算書

859

新潮社

はじめに

戦争をするのに莫大なお金が必要なのは古今東西を問わない。近現代であれば、ハイテクの艦船や戦闘機、戦車などの装備費が戦費の中でも巨額を占めるだろうが、実際の軍事行動では兵員の移動費や糧食費などにも多くの費用がかかってくる。

戦国時代から近世始めにかけての合戦でも同様である。装備費＝武具の調達のほかに、軍勢の移動費や糧食費にお金がかかった。特に、大規模な合戦では、お金の使い方は総力戦的であったろう。経済力の差が戦力の差に表れることになる。

本書では、天下分け目の決戦である「関ヶ原合戦」をお金の面から解読していこうと思う。前述したのは戦闘の際に実際にかかった費用についてであるが、このほか、当時は領地の増減が年収を左右した。勝者は領地を広げた。領地が広がれば年貢が増える。つまり年収が増える。対して敗者は領地をすべて失うか、大幅に減収となったのだ。

本書ではそうした点を踏まえ、終章で「関ヶ原合戦」に参加した豊臣家、徳川家を含む大名家の「決算」を示そうと思う。まず序章ではその準備として、戦国時代のお金が現代ではどのくらいの価値があり、兵糧がどれくらい必要だったのかを示しておく。その上で、第一章から第五章では、なぜ各大名家が東西両軍に分かれ、最終的な「決算」に到ったのか、その理由を示すために関ヶ原の戦いの経緯をたどってゆく。

先に、敗者は領地をすべて失うか、大幅に減収となった、と書いた。ところが例外の家がある。まず、西軍に付いて関ヶ原合戦の本戦に参加した敗者でありながら、領地をまったく失わずに済んだ薩摩の島津家である。肥前佐賀の鍋島家も、西軍に付いて伏見城攻めに参加したが、関ヶ原合戦の本戦には参加せず、結果として領地を保全した。筑後柳川の立花氏は、大津城攻めに参加し、領地を失ったが、のちに旧領を回復した。どうしてそのようなことが可能だったのだろうか。

この謎を解きつつ、「関ヶ原合戦の決算書」を示していこうと思う。

「関ヶ原」の決算書　目次

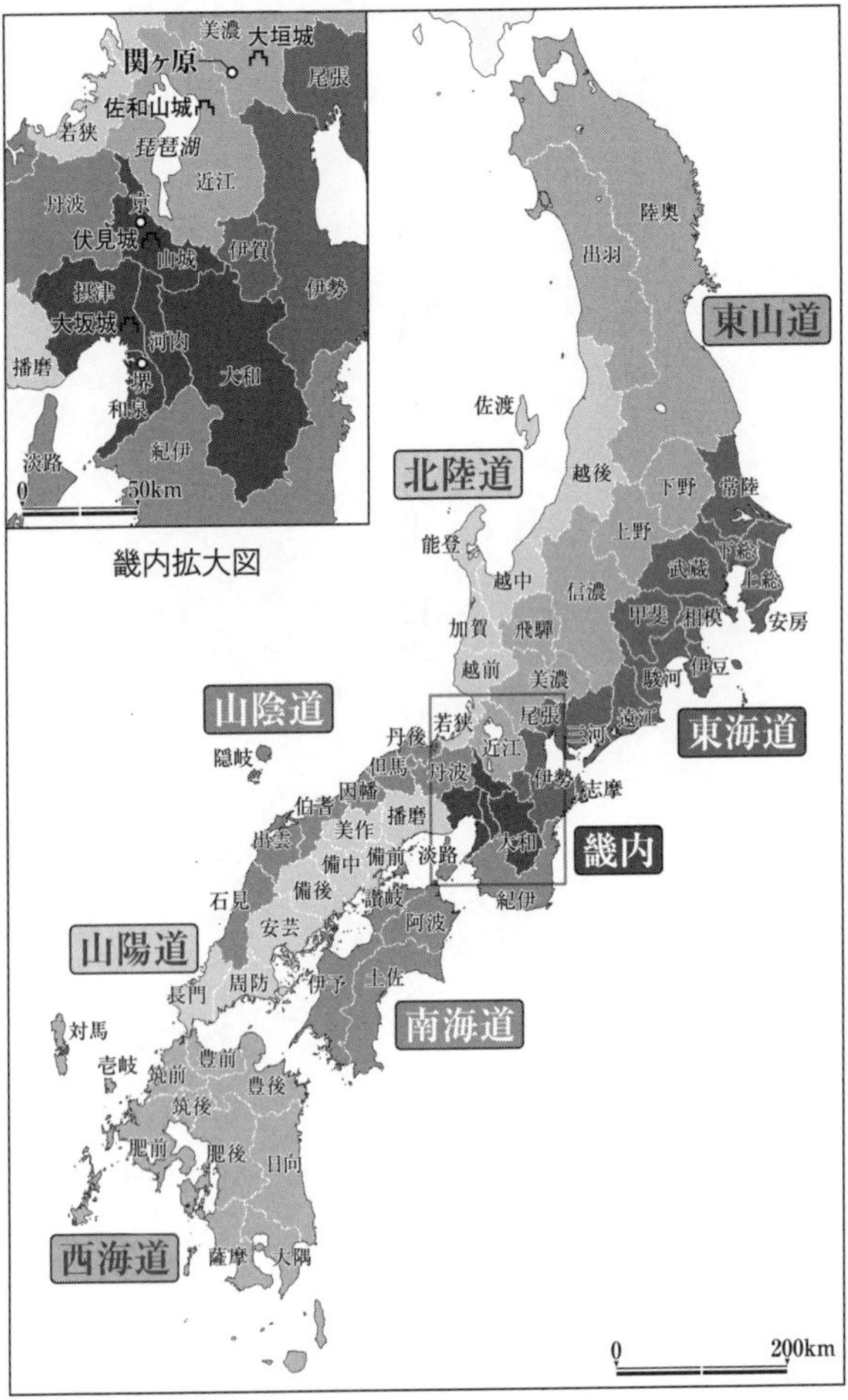
美濃
大垣城
関ヶ原
尾張
佐和山城
若狭
琵琶湖
近江
丹波
京
伏見城
山城
伊賀
伊勢
摂津
大坂城
河内
播磨
堺
大和
和泉
紀伊
淡路
0
50km
畿内拡大図
陸奥
出羽
東山道
佐渡
北陸道
越後
下野
常陸
上野
能登
武蔵
下総
越中
信濃
上総
加賀
飛騨
甲斐
相模
安房
越前
美濃
駿河
伊豆
山陰道
若狭
尾張
三河
遠江
東海道
丹後
近江
隠岐
但馬
丹波
伊勢
志摩
因幡
伯耆
播磨
美作
出雲
備前
淡路
大和
畿内
備中
備後
讃岐
石見
紀伊
安芸
阿波
山陽道
周防
伊予
土佐
長門
南海道
対馬
壱岐
豊前
筑前
豊後
筑後
肥前
肥後
日向
西海道
薩摩
大隅
0
200km

旧国名・五畿七道図

はじめに　3

序　章　11

第一章　「関ヶ原」に到るまで　36

図表製作　アトリエ・プラン

序章

戦国大名の兵糧は自弁が原則だった

まずは、当時の戦国大名がどのような経済状態にあったかを見ていこう。

戦国大名は蔵入地《くらいりち》（直轄地）のほかは、領地を配下の部将に分け与えていた。部将の中には、もとから自分の領地を持っていて、その大名に属している者もいた。

こうした部将たちは、領地から年貢を徴収し、その収入で兵を養い、武器も兵糧も自弁で戦った。武装自弁、兵糧自弁が原則だったのである。戦国大名が組織した直属の足軽部隊、つまり鉄砲隊・弓隊・鎗隊の武器や具足については大名が調達して与えた。兵糧も当然、その大名が支給した。

大名も部将も、直属の部隊についての経済的責任を負ったのである。

戦国大名が領地を出て遠征するとなれば、長期間にわたって兵の糧食を確保しなければばならない。このため、武器や糧食を運送する陣夫《じんぷ》（夫丸《ぶまる》ともいう）が農村から徴発された。彼らの食べる米も、誰かが支給しなければならない。

このような糧食費を「兵糧米」と称し、それを支給する場合は「扶持」「扶持米」などと呼んだ。

前述のように兵糧米は動員される武士が負担したが、大量の兵糧は携行できない。そのため、合戦に動員された時は敵地で略奪するなど「現地調達」が行われた。戦国大名の争いは地域紛争が多かったから、それで十分まかなえたのだろう。

高木昭作氏によれば、関東戦国大名の雄、後北条氏の「着到（軍役の規定）」は、馬に乗って出陣する軍役負担者本人と、武器を持つ従者のみが軍事動員の際に出さなければならない人数の規定となっていて、陣夫を含んだ総人数は規定されていない。これは、兵糧が軍役負担者の自弁であったからだと推定されている（「『公儀』権力の確立」『講座日本近世史1幕藩制国家の成立』）。戦に何人連れて行こうが構わないが、それは自腹でやってくれというわけだ。

永禄七年（一五六四）と推定される正月四日付け北条氏康の書状では、「腰兵糧（兵糧を携行すること）」での出陣を命じ、「兵糧調え無く候はば、当地にて借すべく候」としている。つまり、自前で兵糧が調達できなければ北条家が貸す、ということだ。戦国大名は麾下の将兵の兵糧についてある程度の準備はしていたが、それは軍役負担者が「借りる」ものだったのである。

豊臣秀吉の兵糧支給方式

しかし、「天下人」となった豊臣秀吉の軍隊では、戦国大名とはまったく違う発想がとられていた。秀吉は、軍役負担者や武器を持つ従者だけではなく、動員された非戦闘員を含めた総人数を把握し、彼ら全員に兵糧米を支給するように改めたのである。

たとえば、天正十二年(一五八四)六月十五日付け秀吉朱印状(『豊臣秀吉文書集』〈以下『秀吉』と略す〉一一一二)では、織田信長の遺児・信雄と徳川家康の連合軍との戦いである小牧・長久手の合戦の時の兵糧についての指示がある。尾張国の楽田《がくでん》に加勢として出陣した者に、六月二十日から一〇日分の兵糧を支給するというものだ。日付が六月十五日だから、当初の五日分は軍役負担者の自弁、その後は秀吉が支給する体制だったことがわかる。

この時点ではまだ秀吉は「天下人」になっていない。経済力にも限りがあったので、初日からではなく六日目から支給するという方式をとったのだろうが、これなら配下としても長期の戦争に耐えることができただろう。配下の部将は領地を与えられて独立すれば、兵糧はその部将が責任を持って調達するのが原則だったからだ。秀吉以前の方式であれば、兵糧が足りなくて動員数をごまかす部将もいたかもしれないし、兵を飢えさせることもあったかもしれないが、秀吉方式ならその心配もない。

織田信長も、配下の部将が必要な時は兵糧米を貸していた。天正六年（一五七八）、秀吉が播磨三木城を兵糧攻めにした際、六月三日付けの秀吉書状には、「信長様から借用した米は、まず一〇〇〇石分を受け取りなさい」という文章がある（『思文閣古書資料目録第二六三号』）。

独立した軍団の長である秀吉は、自分の責任で配下に兵糧を支給する立場にあった。しかし、まだ経済的には弱体だったので信長からも借用したのだろう。

ともあれ、関ヶ原合戦当時、大名たちはこうした秀吉方式で参陣したのである。

秀吉の軍事行動が迅速だった理由

なぜ秀吉はそのような方式を取ったのだろうか。

秀吉は兵糧の支給を特に重視していた。それは柴田勝家との決戦である賤ヶ岳《しずがたけ》の戦いでの行動によく示されている。この時、信長の三男とされる織田信孝を攻めるため賤ヶ岳を離れて大垣にいた秀吉は、賤ヶ岳で敵が動いたことを知り、午後四時頃（申刻）に大垣を発ち、垂井、関ヶ原、藤川と軍勢を急がせ、夜陰に及んで小谷に達し、午後九時頃（戌半刻）に木之本の本陣に着いた。

大軍が、五二キロ（三六町一三里）の道を約五時間で走り抜いたのである。これが賤ヶ岳合戦の勝利の要因だった。この時、秀吉は次のような対策を取っている。

「この急行軍により、糧食を運ぶ者がついてこられなかった。秀吉は人馬が飢え疲れることを察し、村々に飛脚を遣わし、『秀吉は明け方に一戦に及ぶので、家一軒につき米一升を炊き、それを木之本に持って来い。その恩賞は忘れず渡す』と方々に告げた。このため、村々の者は、あるいは二里三里、五里六里とこれを運んだ」（「柴田退治記」『群書類従』合戦部）

秀吉の軍勢もふだんは兵糧米を運ぶ小荷駄部隊がついていける速度で進軍するが、この時は急を要していた。このため、小荷駄部隊は後で到着させることにし、現地の農民たちに対価を支払うことで糧食を確保したのである。これが秀吉の迅速な軍事行動を可能にした理由であると同時に、ここからは秀吉がいかに糧食を重視したかもうかがえる。一〇合が一升、一〇升が一斗、一〇斗が一石である。これは容積の単位で、一合は約一八〇ミリリットル、米にすると約一五〇グラムである。

恩賞を与えて一升、すなわち一・五キロもの米を家々に炊き出させたのは、いたずらに現地で略奪をして人心が離れるのを避けるためもあったろうし、「腹が減っては戦は出来ぬ」ということが骨身に沁みていたからでもあるだろう。

秀吉は文禄二年（一五九三）二月九日、朝鮮出兵の戦況が思わしくない頃、諸大名に次のように指示している。やはり兵糧に関するものだ。

「兵糧は、多く蓄えておけばおくほど手柄である。しかし、だからと言って兵糧がないのに持っているように報告し、下々を迷惑させるのは不届きなことである。そのため、いつまでの兵糧があるかを報告せよ。人数も今のところは規定の軍役までは動員していなくてもかまわない。実態を報告し、兵糧をそれぞれに受け取れ」（『毛利家文書』三―九二三）

このように不足分の兵糧を秀吉が支給したのは、戦時であるため建前よりも実態を優先したのだろうし、もちろん、後に精算して支給した分は返却させたものと思われる。

だが秀吉は、まずきちんと将兵に兵糧が支給されることを重視していたのだ。

扶持米支給の基準

それでは、兵糧は兵一人あたりどの程度の分量が支給されたのだろうか。先に掲げた天正十二年(一五八四)の秀吉書状の数値を計算してみよう。

総人数一万一二〇〇人の一〇日分の兵糧米が五六〇石だから、一日分の兵糧米は五六石、一人あたりでは以下の計算になる(一石は米にして約一五〇キログラム)。

米56石÷11200人=0・005石

つまり、一人あたり一日五合(約七五〇グラム)が兵糧米の支給量である。

天正十四年(一五八六)正月二日付け堀尾吉晴宛て秀吉朱印状(『秀吉』一八二九)によると、「片桐貞隆組　人数二二四人」の場合は、「米四〇石三斗二升　近江升(枡)三〇日分」となっており、計算すると、一人一日六合(約九〇〇グラム)になる。ただし、京枡よりも小さい「近江升」によるとわざわざ表記している。近江枡は京枡より二割方少ないので、やはり一日五合ほどである。

ちなみに、同年四月二十四日付け加藤清正宛ての書状「御扶持方之事」（『秀吉』一八七九）では、一八〇人、一五日分の米が一三石五斗とされている。これも一人一日五合の割合である。これらを勘案すると、秀吉が支給する兵糧米は通常の枡（京枡）で一日五合だとしてよいだろう。

米一石は現在のお金でいくら？

それでは、兵糧米は現在の貨幣価値にしてどのくらいと見ればいいだろうか。

おおむね当時の米一石を八万円として計算してみよう。これは米五キロに換算すると二六七〇円ほどである。現在の銘柄米五キロの値段はだいたいそれくらいで、換算値としては妥当だと思われる。


すると、一八〇人の兵糧一五日分で一〇八万円となる。兵一人あたり一日分の兵糧米は四〇〇円、一〇日で四〇〇〇円となる。軍勢を動かす場合、たとえば一〇〇〇人の軍勢を一日動かすと四〇万円、一〇日になると四〇〇万円となる。

関ヶ原合戦の時のように、一〇万人規模の軍勢を動員すると、兵糧米だけで一日に四〇〇〇万円、一〇日で四億円が飛ぶ計算になる。豊臣家や徳川家の資産がどの程度であったかは後述するが、これを誰が負担するかは大きな問題だったろう。大軍を動員しての合戦は、とてつもなく大きなお金が必要なのである。

米の輸送費と城米

米はかさばるので、輸送するにも経費がかかる。

天正十二年（一五八四）五月十五日付け、長浜町中・八幡庄中宛ての秀吉書状では、兵糧米二〇〇石輸送についての記述がある（『秀吉』一〇八二）。

長浜町の者が一四〇石、八幡庄の者が六〇石を調達して関ヶ原まで届けよ、という指示で、「一石に付き駄賃四升五合宛遣わす」としている。米一石につき「駄賃」が四升五合だから、兵糧米の輸送費は輸送する米の四・五パーセントとなる。軍勢が移動する時は陣夫が運ぶので費用はかからないが、陣夫にも扶持米を支給する必要がある。

また、秀吉は諸将に与えた城に、兵糧米を常備しておくよう命じている。これを「城米」と言った。天正十三年（一五八五）九月一日付け一柳市介（直末）宛て書状では、一柳の城である大垣城は「城米大豆合《あわせて》五千俵」（『秀吉』一六二〇）としている（一俵は約六〇キログラム）。大豆は、後に述べるように馬の飼料である。

これは籠城の時の備えでもあるが、秀吉が軍勢を動員する時、味方の城に城米が常備されていればそれを使うことができる。運ぶ米の量も少なくてすみ、機動的な軍事行動が可能になるのである。

天正十八年（一五九〇）八月十六日付け秀吉朱印状（「仁木家文書」）によれば、出羽・奥羽に一揆が起きた場合に備え、「近江・美濃・三河・遠江・駿河・武蔵・下野国まで、それぞれの国によい蔵を建て、出陣する軍勢に兵糧を支給するようにすれば、陣夫を召し連れずにすぐに軍勢を差し向けられ、一揆勢を成敗することができる」と言っている。兵糧運搬の陣夫を連れていると、どうしても迅速な軍勢動員ができなくなることを秀吉自身が痛感していたのである。こうして秀吉の時代には、全国各地に秀吉の蔵入地（直轄地）が設定された。収穫された米の多くはその地に蓄えられ、兵糧米として活用されたのである。

金と米の換算

米の次に、金銀の価値についても触れておこう。

中世では、金は砂金の形を取り、紙に包み、袋に入れてやりとりした。信長は天正初年（一五七三）頃、大判金貨を鋳造し、砂金十両分を一枚としたとされる。天正四年（一五七六）、内大臣に任じられた信長は朝廷に「金二百枚」を献じている（『信長公記』）ので、この頃には信長が鋳造した金貨があったと推測される。

秀吉の時代、天正十六年（一五八八）に大判・小判が製造された。いわゆる「天正大判」「天正小判」である。銀は重さで量って通用し、銭は中国銭である「永楽銭」が流通していた。

当時、金は一枚、二枚と数えていて、これは「天正大判」の枚数だと考えられる。金一枚の目方は、四四匁（一六五グラム）である。

現在の金相場では、金一グラムが六〇〇〇円ほどなので、金一枚（四四匁＝一六五グラム）は九九万円となる。これも一つの参考にはなるが、当時の物価で換算した方がより感覚的に整合するだろう。

そこで、金一枚と米との換算相場を調べてみよう。

天正十二年（一五八四）正月二十二日、秀吉が河内代官所の年貢米を受け取った時の「請取金子之事」（『秀吉』九五二）によると、合計一五枚を受け取っており、「この米三百九十石、一枚に付きて二十六石替也」としている。

つまり、金一枚が米二六石（約三・九トン）である。米一石の値段を前述のように八万円とすると、次のような額となる。

金一枚＝米26石＝8０００0円×26＝2０8００００円

つまり、金一枚が二〇〇万円ほどである。

高騰する金

ところが、天正十三年（一五八五）七月朔日の観音寺賢珍宛ての「請取金子之事」によれば、「一枚につき三十石かへ　京ます也」としている。金一枚が米三〇石（約四・五トン）、二四〇万円となる。

さらに、同年八月八日付け観音寺賢珍宛てでは、「金子一枚に付き京枡三十二石かへ」（『秀吉』一五三二）とさらに値が上がっており、同年閏八月二十二日付け観音寺賢珍宛てでは、「金子一枚につき三十六石かへ」（『秀吉』一五八二）となっていて、これだと金一枚は二八八万円である。米を基準にすると、金の値段は短い間にぐんぐん上がっているようなのである。

時代が進むと、さらに金は高騰していく。天正十七年（一五八九）五月二十四日付け上林久茂・森彦右衛門宛て「請取金子之事」には、「一枚に付きて四拾四石かへ」とされている（『秀吉』二六七〇）。この換算率だと、金一枚が三五二万円にもなる。

天正十二年（一五八四）から同十七年（一五八九）までというわずかな期間で、金一枚は米二六石から四四石まで高騰していた。当時の感覚を現在のお金で示せば、金一枚は二〇八万円から三五二万円という変動があったということである。

現在の方がかなり金が安いのが意外だが、これは歴史を通じて金の採掘が進んで量が増えたためだと考えられる。今でも金は高価なものだが、金銀がざくざく掘られて黄金の茶室などを作った豊臣時代であっても、現代よりはるかに金は高価だったのだ。本書で取り扱うのは、関ヶ原合戦の頃だから、金一枚を高値に近い三五〇万円で換算していこう。

銭との換算

銀について触れる前に、日常的に使用されていた「銭」は現在の価値にしてどのくらいになるだろうか。

当時の流通していた貨幣は金、銀、銭で、それぞれに換算レートが違った。金で買うもの、銀で買うもの、銭で買うものが分かれていたのである。そのため発達したのが両替商だったが、金は小判一枚が一両＝四分＝一六朱、銀は一貫＝一〇〇〇匁＝一万分、銭は一貫＝九六〇文と数えた。銀の一貫と銭の一貫が同じ単位であるのがややこしいが、これは貨幣を重さで量っていた名残である。価値は四〇倍ほども違う。

さて、天正十三年（一五八五）九月付けの仙石秀久の脇坂甚内宛て「指出面（免）寄帳」（『秀吉』一六二二）によると、銭は「但し百文に一斗二升也」とある。銭一貫で米一石二斗になる。すると、次のように計算できる。

銭1貫＝80000円×1・2石＝96000円

銭一貫は九万六〇〇〇円、銭一文は九六円である。

ただし、当時の銭は、明からの輸入品である永楽銭と日本で製造された私鋳銭、粗悪な鐚銭《びたせん》などいろいろあった（鐚銭は四文で永楽銭一文とされている）。

天正十八年（一五九〇）八月二十一日付け滝川彦二郎忠征宛て「請取金子之事」では、「但し一まいに付きてゐいらく拾八貫文つつ」とあるから、金一枚を永楽銭一八貫文とすると、次のようになる。

352000円（金1枚）÷18000（銭18貫文）＝195・5円

つまり、永楽銭一文が二〇〇円ぐらいである。天正十三年（一五八五）とは倍ほども違う。この事例は岩槻城にあった永楽銭で支払ったときのことだが、銭は種類や地域によって価値が違うのでなかなか一つには決められないようである。銭一文はおおむね一〇〇円から二〇〇円の間だったと考えられるが、滝川宛ての場合、永楽銭と金との換算率がきちんと示されている。永楽銭一文を二〇〇円ぐらいと考えるのは妥当な数値ではないか。

たとえば戦国大名の北条氏領国では、年貢なども永楽銭で徴収していた（永高制）。その北条氏が相模湾で獲れる各種の魚の買い取り価格を定めた史料がある（『戦国遺文後北条氏編』六二二号）。

これによると、鯛は小型が一〇文、中型が一五文、大型が三〇文、鰹は一二文である。一文二〇〇円として換算すると、小型の鯛が二〇〇〇円、中型が三〇〇〇円、大型が六〇〇〇円、鰹は二四〇〇円となる。現在でもこのくらいの感覚ではないだろうか。

こうした換算が可能であれば、さまざまな局面で歴史がクリアに浮かび上がってくる。たとえば織田信長は庇護下にあった足利義昭を奉じて上洛し、義昭は十五代将軍に就任した。このとき信長は堺を治める権利を獲得、矢銭（軍資金）を堺の町衆に要求したのだが、その額二万貫が破格であるとして後世に伝わった（『大日本史料』第十編之一）。

この矢銭を先に割り出したレートで計算すると、なんと四〇億円という巨額である。当時の人々の驚きがわかるし、いかに信長の要求が法外であったかも実感できるだろう。堺の会合衆は対抗する姿勢をとったが、対外貿易で潤っていた堺にとっては払えない額ではなかったはずだ。堺を包囲する柴田勝家らに最後通牒を突きつけられ（『増訂織田信長文書の研究』補遺）、やむなく従ったようである。

金・銀の比価

さて、銀は西日本を中心として流通していた。石見銀山などで大量に採掘され、当時の日本の最大の輸出品でもあった。日本が海外との貿易を盛んに行うことができたのは、支払いにあてる銀が豊富だったからである。

銀一枚（一〇両）は、四三匁である（一六一・二五グラム）。匁は重さの単位だが、金一〇両（小判一〇枚）は四四匁で計算するにもかかわらず、銀一〇両は四三匁で計算する。不思議なことだが、律令の規定以来、これが慣行になっていた。

永禄十二年（一五六九）三月十六日、信長が京に出した法令（「京都上京等宛精撰追加條々」『増訂織田信長文書の研究』上一五三号）によると、公定レートを金一〇両＝銭一五貫文、銀一〇両＝銭二貫文としている。

これで計算すると、金銀の比価は七・五：一である。しかし、銀の増産が進んで次第に銀安となり、十六世紀後半の金銀比価は、一〇：一と推定されている（小葉田淳『日本の貨幣』）。

これを採用すると、金一枚が三五〇万円ならば銀一枚は三五万円となる。一匁（三・七五グラム）だと八一三九円、ほぼ八〇〇〇円と考えればよい。

銀は一枚、二枚と数えるほか、高額の場合は貫で表示される。一貫は一〇〇〇匁（三・七五キログラム）で、銀一貫は現在のお金にすると八〇〇万円。貫で表示される銀が、かなり高額であることが実感できる。

「秀吉方式」の実例

先に、秀吉の軍は従来の戦国大名と違い、動員された武将やその配下は陣夫に至る非戦闘員にまで兵糧を支給されたと述べた。おかげで秀吉は機動的な戦いをすることができた。結果、占領地を広げて蔵入地（直轄地）を増やし、さらにより大きな経済力を得ることができたのである。

これを裏付けるのが、次のような史料である。たとえば天正十四年（一五八六）正月八日付け真田昌幸宛て朱印状（『真田家文書』）には、次のように書かれている。

「四国・西国の軍勢の兵糧などのことは、海上部隊に命じておいた。（中略）その他の兵の兵糧は出すから、八幡大菩薩に誓って早く諸国の人々に兵糧を遣わすように。尾張・美濃の軍勢には金銀で八月までの兵糧をすべて渡しておいた」

この史料は服属してこない徳川家康を攻めるため秀吉が総動員をしようとした時のものである。決戦を前にして、秀吉は兵糧を支給することを明言しているのだ。こうした史料はほかに宇都宮弥三郎宛て（『秀吉』一八三六）、上杉景勝宛て（『秀吉』一八三七）がある。

ちなみにこの家康攻めは、家康が「何様にも関白次第」と白旗を上げてきたため、赦すことで決着している（同年二月八日付け一柳直末宛て〈『秀吉』一八四九〉）。

小田原陣の時は？

こうした秀吉の軍隊の特性が最大限に発揮されたのは北条氏政・氏直父子を攻めた小田原陣の時である。天正十七年（一五八九）十月十日付け「兵糧に付き条々写」という史料がある（『秀吉』二七二三）。

一、兵糧奉行に長束正家、その配下に小奉行一七人を任命する。
一、年内に二〇万石の米を受け取り、来春早々、船で駿河の江尻・清水へ運送し、蔵を建てて収納し、全軍に渡せ。
一、黄金一万枚を受け取り、伊勢・尾張・三河・駿河で米を買い調え、小田原近辺の舟着き場に届けておけ。
補足、馬二万頭分の飼料を調達しておき、滞りなく与えよ。

秀吉は豊臣家蔵入地から二〇万石の米（一六〇億円）を兵糧米として準備し、さらに金一万枚分（三五〇億円）の米を買い調えて小田原近辺に送っている。金一万枚分の米は、先の換算比率では四四万石になるが、合戦が始まるとなると米が高騰するため、三〇万石ぐらいしか買えなかったのかもしれない。しかし、それでも蔵入地からの二〇万石と合わせて五〇万石もの兵糧米を準備したのである。

秀吉が小田原に動員した軍勢については、陣立書《じんだてしょ》（作戦指令書）が残っている（『伊達家文書』一―四八七）。

これによると、一番家康三万騎、二番織田信雄一万五〇〇〇騎、以下十二番の備えで、十二番の浅野長政三〇〇〇騎、石田三成一五〇〇騎、小野木縫殿助八〇〇騎まで合わせて一二万四〇一〇騎である。この史料の「騎」は、同様の陣立書では同じ人数の単位を「人」と書いているから、一二万騎余は戦闘員だけでなく、非戦闘員も含めた人数であることは明らかである。

ちなみに中世の軍記物で軍勢を「五〇騎」と言えば、騎馬武者の数である。騎馬武者の華々しい戦いが一番重視されていたのである。一方、秀吉の陣立書における軍勢の数は「三万人」のように「人」で数えられ、そうした史料が大量に残っている。これは、兵糧を手配するために総人数の把握が必要だったからだ。中世と豊臣時代以後の近世とは、ここが決定的に違うのである。

小田原陣では、こうした陸上部隊のほか、海上部隊が兵糧の輸送をするとともに海上封鎖も行っている。

海から小田原を包囲する「船手」は、天正十七年（一五八九）十二月五日付けの「船手人数に付き朱印状」（『秀吉』二八三五）によると、合わせて二万六三〇人。

これを陸上の軍勢と合わせると一五万人弱だが、さらに秀吉本隊五万ほどが加わる。小田原攻めの軍事動員は、総勢二〇万人におよぶことになる。

必要な兵糧米は、一人一日五合として一日一〇〇〇石、三ヶ月（九〇日）で九万石、一三・五トンにもなる。

これだけでも七二億円の大金が必要だが、先の史料によれば秀吉は五〇万石（四〇〇億円相当）もの兵糧米を準備していたわけだから、戦争が一年続いても余裕で兵糧を支給できる計算だ。

そのため秀吉がとった作戦は、兵の損耗を避けることができる兵糧攻めだった。天正十八年（一五九〇）四月十二日付けで秀吉は日向飫肥《おび》の大名伊東祐兵に宛て、「関東の城主たちがことごとく小田原城に立て籠もっているため、この一城を落とせば関東八州を討ち果たすことになる。だから干殺し（兵糧攻め）の作戦をとるつもりだ」と書いている（『秀吉』三〇二七）。

兵力動員数もさることながら、兵糧の補給が万全であるからこうした作戦もとれるのである。後北条氏は、「小田原評定」と評されるように対策を議論するばかりでなすすべもなく時を費やし、ついには降伏するしかなかったのである。

こうした準備を整えられる経済力を秀吉が保持していることが分かっていなかった北条氏は、滅亡する運命にあったと言っていいだろう。客観的に見て北条氏は、戦う前から秀吉の敵ではなかったのだ。

軍役動員の基準

秀吉の軍役動員の基準は、どのようなものだったのだろうか。

天正十七年（一五八九）十二月八日付けで配下の宮部継潤に宛てた知行宛行状《ちぎょうあてがいじょう》（部将にあてがわれた領地＝知行の所在を示し、その権利を与える文書）には、継潤に与えた因幡国と但馬国の知行高（後述）五万九七〇石の内、一万石を「無役（軍役のノルマなし）」とし、端数を除いた残り四万石に二〇〇〇人の軍役が命じられている（『秀吉』二八三八）。

つまり、一〇〇石に付き五人の軍役が「本役」ということになる。ちなみに「無役」分は、秀吉がそれぞれの大名の個別事情を勘案して設定したものである。

この計算で言えば、豊臣政権下において一〇万石を与えられた大名は（「無役」分がなければ）、通常五〇〇〇人の軍役が義務づけられているということになる。さて、これが現代ではどのくらいの経済的負担となっていたかは次の項で見てゆこう。

大名の収入

先ほど触れた「知行」は領地から年貢を取る権利である。大名の領地は知行の「石高」で表される。「石」は米の分量の単位であり、「高」はその総額。史料に「領地」ではなく「領知」と書かれることが多いのは、領地ではなく「領地から年貢を取る権利」が与えられているという観念があるからで、「領知」とは領する知行のことなのである。

一〇万石の領地を持つ大名は、一〇万石の米が収穫できる知行を持っているということである。その一〇万石（八〇億円）は領地で収穫できる米の生産量の総額で、大名の収入そのものではない。なぜなら、収穫された一〇万石をそっくり大名が年貢米として徴収してしまえば民は飢え死にするしかなくなるからである。

年貢率は六公四民、あるいは五公五民と言われる。前者なら六割、後者なら五割が大名の収入である。実際には荒地の部分を控除したり、代官の手数料や運送費などもかかる。石田三成の家臣安宅秀安は、島津家家臣の北郷《ほんごう》氏の在京賄料《まかないりょう》（京都滞在費用）一〇〇〇石の年貢について、次のように書いている（『都城島津家史料』第三巻、四〇号）。

千石の物成（年貢）と申し候ても、漸く三百石の内外これ有る由に候、

一〇〇〇石の領地から納められる年貢の実収は、せいぜい米三〇〇石前後だというのである。在京賄料であるから上方の生産力の高い地域の話である。それでこの程度なのだから、一般的に年貢の実収は石高の三割ぐらいと考えてよいだろう。つまり一〇万石の石高の大名なら年貢米は三万石、現代のお金にして年収二四億円である。

ただし、大名は家臣を召し抱えなければ合戦に出られない。そのため、一〇万石の領地のうち八割ぐらいは給地（家臣に与える領地）となる。給地は家臣が自ら家来を召し抱え、陣夫を徴発するなどして経営する。合戦の際に出す人数はほとんどこの給地から

まかなわれる。大名に召し抱えられている武士は、ほぼ給地を与えられているからだ。

一〇万石の領地の軍役は、先に述べたように五〇〇〇人だが、これは秀吉に命じられて出兵する兵の数で、このほか留守を守る部隊も必要である。家臣たちはこれらのほとんどを八万石でまかなわなければならない。

家臣に与えた領地以外の部分が大名直轄の領地（蔵入地）となる。一〇万石のうちの二万石である。蔵入地二万石の年貢は六〇〇〇石、四億八〇〇〇万円である。秀吉以後の大名は、この収入の中から直属の足軽部隊などの給与を支払い、自分の軍勢全体の兵糧米を支給しなければならなかった。秀吉に服属した大名は、戦国大名的な兵糧自弁・現地調達の軍隊から、大名が兵糧を調達して支給する秀吉基準の軍隊に変貌することが要求されたのである。

そのためには蔵入地が多いほどよい。だがそうすると家臣の数が少なくなり、軍役動員に支障をきたす。大名は、こうしたジレンマの中で家臣を召し抱えて知行を与え、少ない蔵入地から兵糧米を用意していたわけだ。

このような仕組みが関ヶ原合戦に参加していた大名たちの軍事費の根幹にあったことはまず押さえておきたい。

第一章　「関ヶ原」に到るまで

1　豊臣政権と島津氏

島津氏の石高と軍役

序章であげた関ヶ原合戦の謎の一つ、なぜ島津家は敗北した西軍に付きながら領地を失わずに済んだか――その理由を知るにはまず関ヶ原合戦以前の状況、特に秀吉に服属した後の島津家の状況を知る必要がある。概説しておこう。

島津家は鎌倉時代から続く名族で、代々、九州の薩摩・大隅・日向の守護を務めた。豊臣秀吉が九州侵攻を企図した頃の島津家当主は義久で、戦国大名に成長した島津家は版図を九州一円に広げ、九州最大の勢力を誇っていた。

しかし、島津家は圧倒的な兵力を擁する豊臣秀吉の軍門に降った。天正十五年（一五八七）五月八日、義久は秀吉の陣する薩摩川内《せんだい》の泰平寺に剃髪して出頭。秀吉はその結果、義久に薩摩一国を与え、次いで降伏した義久の弟義弘に大隅一国を与え、義弘の子久保に日向諸県郡を与えた。

　剃髪して龍伯と名乗った義久は、人質同然の立場として上洛、京都在住となった。豊臣家の軍役は弟の義弘が務めることになり、豊臣政権下の島津氏の当主は事実上、義弘になった。

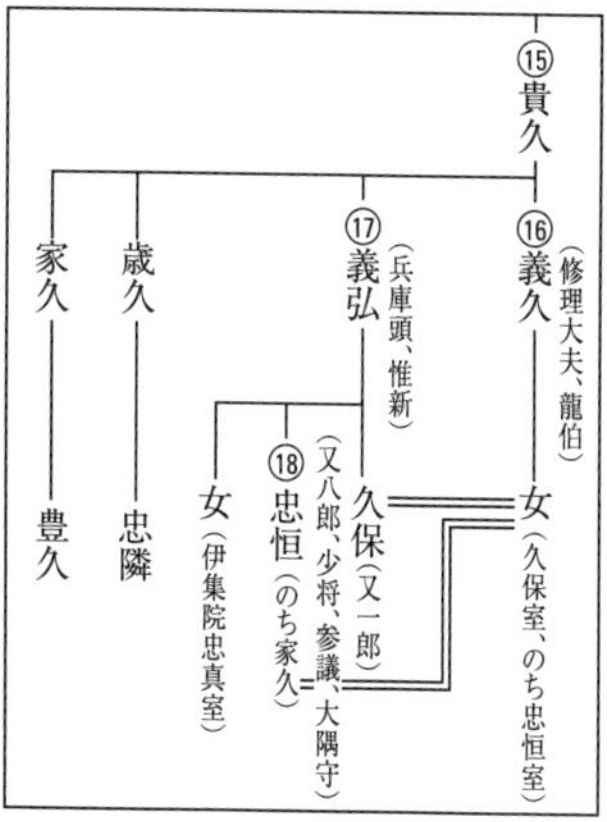

島津氏略系図

　天正十八年（一五九〇）に提出した御前帳（石高の報告書）によると、島津氏の知行高は二二万二五二五石（40ページの表参照）。無役分は一万三〜四〇〇〇石だから、ざっと二一万石に軍役がかかる。本役は二〇〇石に一人、一万人である。

　実際、島津氏は、文禄の役（一五九二〜一五九五）の時、毛利吉成（二〇〇〇人）、高橋元種・秋月種長・伊東祐兵・島津豊久（合わせて二〇〇〇人）とともに第四軍とされ、一万人の軍役を要求されている（『毛利家文書』三―八八五）。

ほかに島津氏は、秀吉から「在京賄料」として、播磨に一万石（前章の計算に従うと二億四〇〇〇万円相当）が与えられている。これは、京都に居住を余儀なくされた義久や家臣に飯米を与えたもので、こうすれば国元から米を運ぶ必要がなくなる。秀吉は他の上洛した大名にも、自らの蔵入地から「在京賄料」を与えて便宜を図っている。

島津領太閤検地

さて、文禄の役である。一万人の軍役を課せられた島津氏は、義弘が大将として名護屋（現在の佐賀県唐津市）に赴いたが、国元から軍勢を動員するのが遅れた。そのため義弘は、小姓など周囲の者だけを連れ、賃船で朝鮮に渡ることとなってしまった。義弘はこの醜態を「日本一の遅陣」と称し、慚愧の念にかられるとともに、このままでは豊臣政権下で生きていくことはできないと痛感する。

しかも運の悪いことに義弘の子久保が朝鮮で病没する。このため久保の弟、忠恒が兄の妻だった義久の娘と結婚し、跡取りとなった。

この時点で島津グループは、当主の義久が会長として京都にあり、弟で社長の義弘が実質、グループを切り盛り、会長の女婿で社長の息子である忠恒を後継者に据えた、というわけである。しかし、現在の会社と違うのは、義久、義弘がそれぞれ家臣を持っていたことで、いわば会長の派閥と社長の派閥がはっきりと存在したのだ。

義弘は、秀吉への陳情の窓口である「取次《とりつぎ》」を務めていた石田三成に依頼し、領国に検地を行ってもらうことにした。経済的に脆弱な島津家の体質を、検地によって強化しようとしたのだ。義久は家臣団の動揺を呼ぶことを心配して難色を示したが、三成は秀吉の要求する軍役を、島津家が果たせる経済基盤を作るため検地は必要との立場。三成を後ろ盾として、義弘は島津家重臣の伊集院幸侃《こうかん》とともに検地を断行することとした。

文禄三年（一五九四）九月十四日、三成の家臣が奉行を務める検地が始まり、翌年六月二十九日には終了した。この検地により、二二万二五二五石だった島津氏の領地高は、五六万九五三三石にまで増加した（次ページの表参照）。およそ二・六倍にもなったわけだが、秀吉自身が会津の蒲生領検地の時、「上方で検地を行っても、五割や三割は領地が増加する」（『島津家文書』二―九五八）と言明している。検地を行えばこれまで把握できていなかった耕地が把握でき、領地高が倍増することも珍しくないのである。

この成果の上に立って秀吉は、義久と義弘にそれまで二万七〇〇〇石と一万二〇〇〇石だった彼らの蔵入地を一〇万石ずつに設定することを指示し、これを無役とした。そして、家臣の知行はそのまま一四万一二二五石とし、増加した一二万五三〇八石を加増分として設定した。家臣が規定以上の軍役を務めたり、軍功をあげたりした際の褒美用である。家臣のモチベーションをあげようとしたのである。

	天正18年	文禄4年 6月29日
義久蔵入	2万7000	10万(無役)
義弘蔵入	1万2000	10万(無役)
給人本知	14万1225	14万1225
給人加増	――	12万5308
寺社領	3000	3000
上方分	1万	1万
伊集院幸侃	2万1000	8万 (1万石無役)
島津以久	8300	1万
秀吉蔵入地	0	1万
石田三成知行	0	6200
細川幽斎知行	0	3000
出水・高城領	3万0800	3万0800
島津氏分合計	22万2525	56万9533
内無役分	1万3000 ～1万4000	21万

島津氏知行高の変化　単位：石

『島津家文書』『旧記雑録』による。

なぜこのようなことができたかと言えば、家臣に所替えを命じたからだ。三〇〇石の領地を持つ家臣が同じ領地に留まれば、その領地で検地の増加分（出目）がたとえプラス二〇〇石あったとしても、その家臣が持ったままである。しかし、家臣を移動させて、検地で確定した別の領地で三〇〇石を与えれば、家臣は名目上は損をしないし、島津家は二〇〇石の余分ができ、加増の原資が生まれる。

この所替えの中で最も大きな動きは、これまで二万一〇〇〇石の領地だった伊集院幸侃が、八万石（うち一万石は無役）とされて日向の都城に移ったことである。これまで都城を領していた北郷《ほんごう》氏は、二万石ほどで薩摩の宮之城《みやのじょう》に移された。当然、幸侃への大幅加増に反発する家臣は多かった。

また、秀吉の蔵入地が加治木に一万石設定された。これも秀吉の大名統制の一つで、検地を行った大名領に蔵入地を設定することが慣行だった。石田三成、細川幽斎にもそれぞれに六二〇〇石、三〇〇〇石の知行が設定された。これは、両人が島津家の後見を行っていることへの恩賞である。なお、出水・高城領の三万八〇〇〇石は、島津氏から独立していた同族の島津義虎の領地である。

太閤検地の実施によって、島津氏の経済基盤は飛躍的に強固なものとなった。義久と義弘に無役で一〇万石ずつの蔵入地が設定されれば、毎年四八億円もの収入が生まれ、これを兵糧調達などに使用することができる。秀吉が島津家の蔵入地に無役分を設定したのは、島津家の経済基盤を強化し、朝鮮出兵などに耐えうる体制を創り上げるためだったのである。

新しい島津氏の動員計画

文禄の役（一五九二～一五九五）で苦汁を嘗めた島津氏だったが、太閤検地で秀吉の覚えが目出度くなり、慶長の役（一五九七～一五九八）出陣にあたっては次の史料のような動員計画を立てている（『旧記雑録』）。

一、一〇二〇石に馬一騎の者、合計九五騎、
　この人数三二三〇人、但し一騎につき三四人宛、
一、五〇〇石に馬一騎の者、合計二四騎、
　この人数四〇八人、但し一騎につき一七人宛、
一、三〇〇石に馬一騎の者　合計一四三騎、
　この人数一四三〇人、但し一騎につき一〇人宛、
一、徒小侍《かちこざむらい》衆　三〇〇人、夫丸　九〇〇人、但し、一人につき夫丸三人宛、
一、無足衆　五〇〇人、夫丸一〇〇〇人、但し一人につき夫丸二人宛、
一、御道具衆　六六五人、
一、御蔵入より出すべき夫丸　二〇〇〇人、

一、加子（船員）　二〇〇〇人、
　総合計　人数一万二四三三人、
　右の人数、五ヶ月分之兵糧一万五二二石九斗、但し、船頭・加子《かこ》増分を含む。
一、馬数二七二疋、この飼大豆（餌の大豆）六一八石、但し、五ヶ月分一日に二升、

知行高に応じて出陣する家臣とその家来、人夫が設定され、島津氏の蔵入地からも夫丸（陣夫）や加子（船員）が動員され、総数は一万二四三三人。文禄の役の時よりも、格段に強化されている。

騎馬の武士は、身分に応じて三段階に分けられ、最低の三〇〇石の者は従者一〇人を連れて従軍する。総計では二六二騎、従者は戦闘員と夫丸など非戦闘員を含めて五〇六八人である。

徒小侍・無足衆（知行を与えられてない侍）は歩兵である。こうした者たちも三人もしくは二人の夫丸を連れている。彼らの兵糧や荷物などを運ぶためだ。こうしたことを考えると、一万人の軍勢でも、戦闘員は三割ほどだったと考えられる。

御道具衆は、大名直属の鉄砲隊や弓隊で、六六五人が計上されている。

大名の兵糧や荷物の運送に携わる夫丸は、蔵入地の百姓を動員して二〇〇〇人、朝鮮に渡海するための船員も二〇〇〇人。

これらを合計すると一万二四三三人という軍勢となる。史料の末尾にあるように、義弘はこの大軍の兵糧米を船頭・加子の分まで含めて五ヶ月分用意しようとしている。

さらに馬の飼料である大豆も、一頭に付き一日二升を予定している。これを計算すると二升×二七二疋×一五〇日＝八一六石だから、史料の「飼大豆六百十八石」は計算間違いで、「八百十六石」になる。

朝鮮に渡海すると、現地調達を図ろうにも異国の地での現地調達は簡単にはいかない。実際には義弘は国元からの兵糧補給を絶えず要求することになったが、どうしても五ヶ月分の用意はしておきたかったのだろう。

この見積もりは、現在で言えば米だけで一億二一八三万円という大金が必要となる。これまでの島津氏の経済基盤ではとうてい考えられない額である。

また、ご存知のように、朝鮮出兵は失敗に終わった。成功すれば海外に資産（＝土地）を持つことになったろうが、秀吉はもちろん、島津氏ら従った大名たちも大幅に資金を持ち出す結果となった。

だが、文禄の役以降、秀吉と三成が推し進めた太閤検地による大名蔵入地の強化によって、島津氏は飛躍的に強固な経済基盤を手に入れたのである。そのことが、この史料からよくわかるのではないだろうか。

島津義久・義弘兄弟が秀吉に、また三成に恩義を感じたとしても無理のないところだろう。

2　秀吉の死

天下人	豊臣秀吉 ― 秀頼
五大老	徳川家康（武蔵江戸250万石余） 前田利家（加賀金沢84万石） 毛利輝元（安芸広島112万石） 宇喜多秀家（備前岡山57万石） 上杉景勝（陸奥会津120万石）
三中老	堀尾吉晴（遠江浜松12万石） 生駒親正（讃岐高松15万石） 中村一氏（駿河府中17万5000石）
五奉行	浅野長政（甲斐府中22万5000石） 石田三成（近江佐和山20万3200石） 増田長盛（大和郡山20万石） 長束正家（近江水口12万石） 前田玄以（丹波亀山5万石）

秀吉政権の運営体制

「関ヶ原」の契機

では、ここからは関ヶ原の合戦に到る経過を、島津家の動向を追いつつ解説してゆこう。

まずは関ヶ原合戦の二年前、秀吉の死がその契機となったのは衆目の一致するところだろう。

慶長三年（一五九八）五月に体調を崩した

豊臣秀吉は、八月十八日に病死した。享年六十二。病気は「霍乱《かくらん》（暑気あたり）」とされている。

秀吉の死は極秘事項とされたが、危篤の噂は流れていたため京・伏見は騒然としていた。徳川家康は息子の秀忠にすぐ江戸に帰るよう命じた。八月十九日の夜、秀忠は伏見を発ち、九月二日に江戸に着いた。

秀吉没後、しばらくは五大老・五奉行で政権が運営される体制となった。五大老は家康、前田利家、毛利輝元、宇喜多秀家、上杉景勝である。五奉行は浅野長政、石田三成、増田長盛、長束正家、前田玄以である。五大老の一人で国元の会津にいた上杉景勝も九月には国元を発し、上洛した。十月二日、家康は早速の上洛をねぎらった（『上杉家文書』三―一〇八七）。

朝鮮からの撤退戦と島津義弘の活躍

その頃、島津義弘は朝鮮にいた。秀吉が没して一週間後の八月二十五日、家康ら五大老は秀吉の家臣徳永寿昌と宮城豊盛を朝鮮に遣わし、朝鮮在陣中の諸大名に撤退を伝えさせた。五奉行の浅野長政と石田三成を博多に差し向け、豊臣家の弓・鉄砲衆も名護

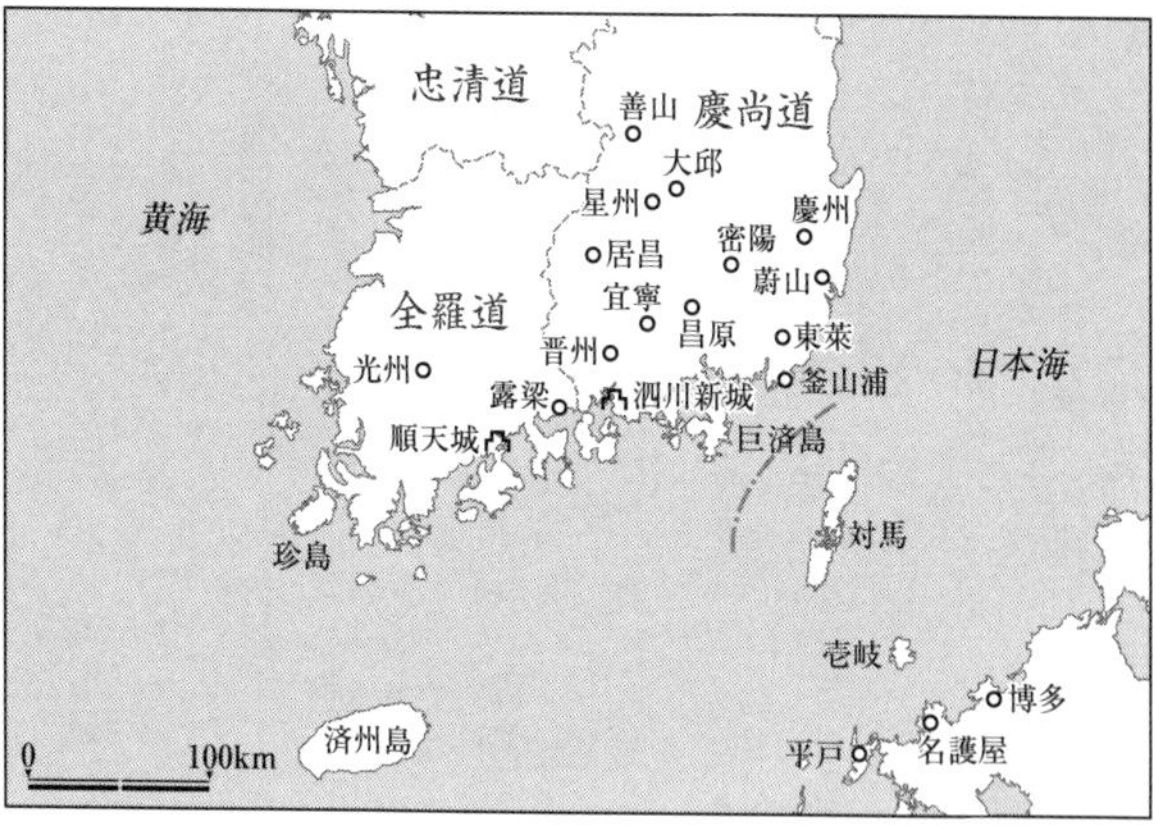

朝鮮半島南部略図

屋・唐津に向かわせ、必要があれば壱岐・対馬まで渡って撤退する日本軍を援護するよう命じた。

軍隊の撤退は難しい。できるだけ速やかに、かつ損害を少なくしなければならない。ただ一目散に逃げればいいというものではない。動揺を与えないよう、朝鮮にいる大名には秀吉の死を秘している。義弘も当然、知らない。

十月一日、晋州城まで進んできた董一元率いる二〇万の明の大軍が、島津義弘・忠恒の守る泗川《しせん》新城に押し寄せた。島津勢は、ぎりぎりまで敵を引き付けて鉄砲を放ち、乱戦となると後方の小荷駄隊に攻撃をしかけて明軍を混乱させ、大勝利を得た。この日島津氏が討ち取った敵は三万八七一七人と報告されている。明・朝鮮連合軍は島津勢を「鬼石曼子《グイシーマンズ》」と呼び、恐れるようになった。

同月八日になって、ようやく徳永・宮城の二名が泗川新城に到着、秀吉の死を知らせ、和議を結んで撤退するよう指示した。十三日には明軍と和議が成立した。

和議を結んだにもかかわらず、李舜臣率いる朝鮮水軍は小西行長の守る順天城を封鎖した。島津義弘は立花宗茂・寺沢広高・宗義智・高橋統増らと評議し、救援に向かうことにした。

十一月十八日未明、露梁の海峡に待ち伏せていた朝鮮水軍と戦端が開かれ、その隙に小西らは順天城を脱出。この戦いで李舜臣は命を落とし、朝鮮の英雄となった。目的を達した義弘らは露梁から退いた。

その後、南海島に残留していた島津兵を救出するなどして、義弘は十一月二十二日に釜山浦に着いた。博多に到着したのは十二月十日のことだった。

伏見屋敷の島津義久

この間、伏見の屋敷に詰めていた島津義久は、十月二十八日、招かれて前田利家を訪問している。これは、博多出張を控えていた石田三成が勧めたもので、伊集院幸侃が間に立って行われた。三成は、利家を介して義久を自分の支持者にしようとしたのである。

その後、徳川家康が召し抱える薩摩出身の薬師《くすし》流竿という者が家康の使者として遣わされてきた。義久は謝絶したが、是非にと言われ、家康の屋敷を訪問している。

さらに家康から、流竿を使者として島津屋敷への訪問を打診してきた。義久はこれも謝絶したが、重ねて近衛前久や道阿弥（山岡景友）を介して申し入れられたので、義久は豊臣家五奉行の前田玄以・増田長盛・長束正家に報告した上で了承した。十二月六日、家康は島津屋敷を訪問してきた。

家康もまた、義久を自分の支持者にしようとしていた。まだ三成と家康の対立は表面化していないが、すでにそれぞれ思惑があり、支持者を増やそうとしていたのである。

秀吉亡き後、諸大名は誰を訪問するにも、招くにも、ずいぶんと気を遣っていたことがわかる。義久は、奉行たちのほか、身内にも気を遣っている。慶長四年（一五九九）正月三日、義久は、帰国した義弘と忠恒に起請文を提出し、家康邸への訪問や家康の訪問が自分の意思ではないことを釈明している。自分が勝手な行動をしているわけではないことを弁解しなければ余計な疑心を生むと考えたのだろう。

家康の不穏な行動

慶長四年（一五九九）正月九日、五大老は日本軍を無事朝鮮から撤退させた泗川の戦いにおける島津家の戦功を賞し、義弘を参議に、忠恒を少将に任じた。どちらも朝廷の官位で、参議は五大老に次ぐクラスの大名に与えられ、少将は一般の大名の上のクラスというランクである。さらに、島津領内にあった太閤蔵入地（秀吉の直轄領）を含め五万石を島津家に返却した。これは島津家にとってはありがたい配慮だっただろう。

秀吉の遺言では、新規の知行給付などはできないことになっていた。これはおそらく家康が、義弘の抜群の功績に報いるという理由をつけて他の大老を説得し、島津家に恩を売ったものだろう。

同月十日、伏見城にあった秀吉の子秀頼は、父の遺命により大坂城に移った。大坂城には前田利家が後見人として入り、伏見城には家康が残留した。ここに大坂と伏見と、政局に二つの中心ができた。

この頃から家康に、勝手な行動が目立つようになる。豊臣政権下では、秀吉の許可を得ない大名同士の縁組は禁止されていたが、家康は六男松平忠輝と伊達政宗の長女五郎八姫との縁組のほか、松平康元の娘（家康の姪）を養女として福島正則の嫡子正之に嫁がせ、小笠原秀政の娘（家康の外曾孫）を養女として蜂須賀家政の子至鎮《よししげ》に嫁がせることを計画していた。

同月十九日、四大老・五奉行が、家康の行った縁組は秀吉の遺命に背くものだとして抗議を申し入れた。これについては家康が譲り、抗議を受け入れることを誓う起請文を提出することで二月五日に解決した。

伊集院幸侃の誅伐

そんな中、三月九日、島津義久の女婿で義弘の三男忠恒が、島津家重臣の伊集院幸侃を伏見の屋敷に招き、その席で手討ちにするという事件が起こる。忠恒は朝鮮で、国元からの補給がなく苦しい思いをしていたからよほど腹に据えかねていたのだろう。その恨みが国元の補給などの総責任者の地位にあった幸侃に向かったものと思われる。

しかし、幸侃は秀吉に取り立てられた人物であった。幸侃は島津家の筆頭家老であったが、三成を通じて豊臣家と交渉する際の窓口として秀吉から高く評価され、秀吉から指定されて大きな領地をもらっている。それを殺害するのは豊臣政権への反逆に等しい。かねてから幸侃と親しい関係にあった石田三成は激怒した。

義父の義久は、三成に宛てて弁解の書状を送った。

「幸侃の殺害は三成殿の命令で急に行ったのかと存じておりましたが、忠恒の思慮のない行動であったこと、言語道断、言うべき言葉もありません。もちろん拙者へ相談したことなどございません」

忠恒は幸侃を斬殺した後、書院に入って三通の書状をしたため、一通は徳川家康の近習、一通は石田三成、一通は寺沢広高に送り、謹慎のため高雄（神護寺）に入った。伏見の屋敷にいた幸侃の妻子らは、東福寺へ立ち退いた。

この時に家康は、忠恒の謹慎を解くよう計らい、家臣の伊奈昭綱を派遣して伏見の本邸に帰住するよう伝え、その上、警護のため騎馬の士数十人を伊奈に添えて派遣した。

このように当時、家康は島津氏に非常に好意的だった。これをよく示しているのが『島津家文書』の中にある覚書の次のような記述である（『写真帖』二三）。

「家康様が黄金二〇〇枚を貸してくださいました。このお金で借金の利息を返済し、元本は国元で完済するようにと仰せられました。補足、今後は決して他から借りないようにと、同様に仰せられました」

金二〇〇枚は七億円という大金である。朝鮮出兵で経済的に苦しい島津氏に家康は恩を売り、良好な関係を築こうとしたのだろう。島津氏では義久・義弘・忠恒の三者で家康に返済するよう申し合わせたが、結局、返済を要求されたこともなかったし、返却したという記録もない。

天下をうかがう徳川家康と、五奉行（豊臣家年寄）中の実力者で、豊臣家きっての秀頼派である石田三成の対立関係の中で島津家は、長年付き合いのある三成とわずかに隙を生じ、家康に恩を売られたことになる。

3 家康の独裁政治

前田利家の死去と七武将の三成襲撃

中央政局はどのように推移していたか。

慶長四年（一五九九）閏三月三日、加賀・能登・越中の三カ国を領し、家康とならんで豊臣家を支えてきた五大老の一人、前田利家が病没する。利家は秀吉よりも二歳年下で、享年六十二だった。ちなみに義弘は六十五歳、家康は五十八歳、石田三成は四十歳である。

利家はいまわの際に、秀吉の遺児秀頼の将来を悲観する言葉を残している（『利家公御夜話』）。秀吉亡き後、利家にしてみれば家康は眼に余る行動をしており、自分が死ねばもはや秀頼を守る者はいない、と感じていたのだろう。

利家の死後、秀頼を後見する任は長男の利長の双肩にかかることになる。利長は大坂城にあって、秀頼を守ろうとした。

しかし、利家の予感通り、利家の死を契機に豊臣政権内では不協和音が表面化した。利家が没した閏三月三日の夜、石田三成は加藤清正・福島正則・黒田長政・細川忠興ら三成を敵視する秀吉子飼いの七武将からの襲撃を察知した。三成は親しくしている常陸の佐竹義宣の助力を仰ぎ、大坂の屋敷から脱出して伏見に逃れ、伏見城本丸に隣接していた自分の屋敷に立て籠もった（笠谷和比古『関ケ原合戦と近世の国制』）。

三成を奸臣とみなし追ってきた七武将は、伏見城にさえぎられた。やむなく七武将は、伏見の向島にあった家康の屋敷に書状を送り、三成攻撃の許可を得ようとする。一方、佐竹義宣は家康の屋敷に行って調停を頼んだ。そこで家康は、三成を居城の近江佐和山（滋賀県彦根市）に引退させることで七武将をなだめ、次男の結城秀康に命じて三成を佐和山まで警護させた。

白峰旬氏は七武将襲撃事件はフィクションだったとするが（『新視点関ヶ原合戦』）、閏三月九日付け鍋島勝茂書状（『佐賀県史料集成』古文書編第七巻）によれば「伏見・大坂さわがしく雑説申し」とあるので、少なくとも武力を背景にした動きだっただろう。秀康に護送させたのも、七武将の襲撃が案じられたからに違いない。

三成が中央政界にいなくなったことによって、家康は政務に関してほぼ独裁権を握った。この事件における家康の真意は、三成を生かしておくことによって将来の武力衝突の核を残し、独自の政権を創出するための布石としようとしたとも言われる。しかし、利家亡き後、五大老の筆頭となった家康が七武将たちに勝手な行動を許せば、自身の政権への影響力が低下してしまう。自分中心に回るようになった政権の秩序を守るためには、家康の行動は当然だっただろう。

家康、伏見城に入る

この事件を経て、慶長四年閏三月十三日、家康は伏見・向島の屋敷から伏見城西の丸に入った。伏見城は秀吉政治を象徴する城だったから、世間は家康が「天下様」になったと噂するようになった（『多聞院日記』）。この頃には、秀吉の直臣の中にも、家康の警護を買って出る者が出現している。

七月になると、秀吉の死によって上洛していた五大老の一人上杉景勝が、前年転封していた会津に家康の勧めで帰国した。

ついで前田利長・宇喜多秀家・毛利輝元の三大老も、家康の勧めでそれぞれ領地へ帰った。

利長が伏見を発したのは、七月二十八日である。利長は、父利家から「自分の死後三年間は上方を離れるな」という遺言をされていた。この時点で金沢へ帰れば、中央政局への影響力を失うことになるばかりか、秀頼後見の任も果たしがたい。これは、重大な失着だった。

こうして伏見に残った大老は、家康のみとなった。

家康と豊臣家三奉行

九月七日、家康は五節句の一つである重陽の祝儀を前に、伏見城を発して大坂に行き、我が物としていた石田三成の旧邸に入った。この時、五奉行の一人増田長盛から、前田利長が家康の暗殺を企てており、家康登城の日に浅野長政・大野治長・土方雄久に実行させる計画があるという密告があった。

家康は厳重に警戒し、同月九日には予定通り大坂城に登城して秀頼とその母で秀吉の側室だった淀殿に重陽の祝儀を申し上げた。

同月二十六日、秀吉の正室北政所は、家康のために大坂城西の丸を出て、京都に移った。翌二十七日、家康は大坂城西の丸に入った（中村孝也『新訂徳川家康文書の研究』中巻〈以下『家康』と略す〉）。大坂も、家康の裁量の下に入ったわけである。

世上は物騒がしく、大名から町人まで右往左往する様子だった。浅野長政らが、家康を襲撃するのではないかと恐れたのである。

伏見の屋敷にいた佐賀藩世子鍋島勝茂（二十歳）は、早馬で大坂に駆けつけ、家康のいる西の丸を見舞った。しかし、門は厳重に閉じられ、一人も中には入れない警戒体制だった。門を警備していたのは伏見から駆けつけた家康の次男、結城秀康だった。

勝茂は「今夜の騒動のため馳せ参りました。御門外に備えていますので、何事であっても御用次第に仰せ付けてください」と高声で告げた。秀康は「早速駆けつけられたことは神妙の至りで祝着に思う。しかし今夜の騒動は別状ないので早く帰られるがよい。貴殿の行動は家康に伝えておく」と答えた（『勝茂公御年譜』一）。

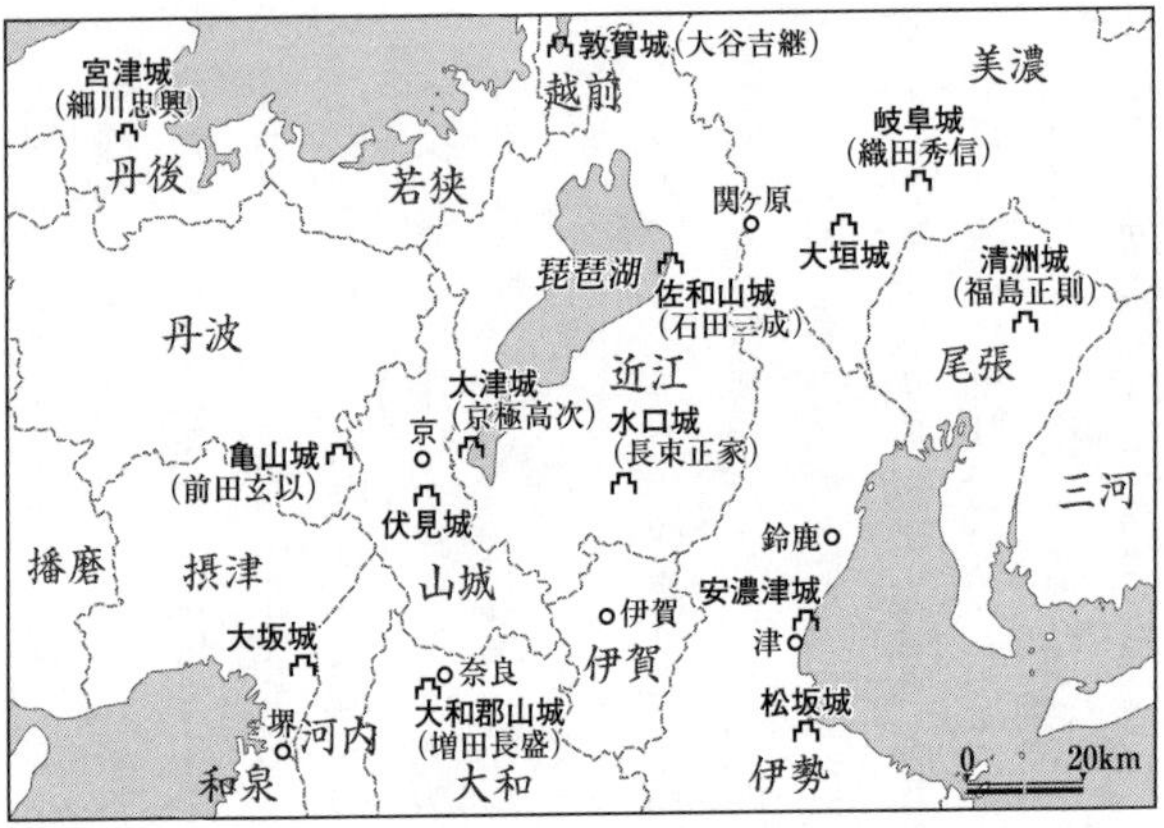

「関ヶ原」直前の畿内

十月二日、家康は五大老の立場から浅野長政を領地甲斐に蟄居させ、大野治長は下総結城の結城秀康に預け、土方雄久は佐竹義宣に預けるという処分を行った。またこの頃家康は、福島・伊達・最上・黒田・藤堂ら有力諸大名に頻繁に書状を送り、自己の指導力を強めようとしている。

三成に続いて五奉行の浅野長政が蟄居したため、伏見には長束正家・増田長盛・前田玄以の三奉行と家康のみが残った。秀吉存命中は、増田が三成と並んで諸大名への取次を勤め、しばしば佐竹領の太閤検地などを行っていた。長束は豊臣政権の財政担当者で朝鮮出兵への兵站も担当し、前田は京都の行政責任者だった。

秀吉死後は、もともと五奉行が豊臣政権を運営していく役割を担っていたから、その権限が残る三人に委ねられたわけである。

増田は大和郡山城主二〇万石、長束は近江水口城主一二万石、前田は丹波亀山城主五万石とそれほどの領地を持っていたわけではない。彼らに家康の行動を制約する力はなく、家康の存在感は大きくなっていくばかりであった。

前田利長謀反の風説

浅野長政らを実行者とする暗殺計画の首謀者が前田利長であるという噂は、天下を狙い、利長を排除しようとしている家康にとっては好都合だった。家康がそれを口実に、北陸への出兵を口にしたことが上方では日に日に評判となっていった。

利長にとっては寝耳に水。急遽、金沢城に惣構え（城を守る外堀）を築き、籠城の準備を始めた。

しかし痛恨事は、伏見にいた母芳春院（まつ）と自分の妻が家康の人質になってしまっていたことである。これは、縁戚の宇喜多秀家が早馬で知らせてきた（『可観小説』）。

家康は加賀・能登・越中を領する利長に対し、越中一国を差し出し秀頼に詫びるようにと言い送った。

利長は、腹心の家臣横山大膳を上方に派遣し、家康への弁解をさせることにした。利長は横山に弁解の口上をこまごまと言い含めた後、「この上でなお納得されなければ、汝の考えで覚悟を決め、伏見にいる母と妻を刺し殺し、屋敷に火をかけて自害せよ。予は、この金沢城に天下の軍勢を引き受け、思うままの戦いをし、潔く討ち死にしよう」と指示した（『杉本義隣覚書』）。

伏見に到着した横山は、「母と妻女を人質として伏見に置いている利長が野心を企てる筈がなく、越中は故利家が鑓先で切り取った国で、確かな書類（領知宛行状）もあるので見覚えのない言いがかりで返上することはできない」と論陣を張った。

家康は、予測済みのことであったのかその口上をほめ、横山を召して直接に仰せ渡した。

「利長殿の弁解は秀頼様へ伝え、以後は互いに誤解のないようにしよう。越中のことは、これまで通りでよい。ただ、もし同意していただけるなら、芳春院殿を江戸に同道したい。御内室については、貴殿が同道して金沢に帰られるがよい」（『同』）

母親は人質のままだが、妻だけは返すという提案だった。

横山は、「おそらくそれは家康様のお考え通りに致すでしょう」と答え、さらに芳春院を人質とする代わりに、秀忠の娘二人のうちの一人を、利長の嫡男利常（実は利家の四男）に下されたいと申し出た。

前田家と徳川家という、豊臣時代においては互いに並び立つ同格の大大名である。何も交換条件無く老母を人質に出すというのでは、前田家としては面子が保てないということだろう。

家康は、即座に横山の提案を受け入れ、秀忠の娘の前田家輿入れが決まった。しかし、ここでも家康は一筋縄ではいかない。芳春院は翌年五月十七日、伏見を発ち江戸に向かうが、秀忠の娘との縁組が実現するのは、関ヶ原の戦いの後のことである。交渉時の大膳としては、実効性はともかく空手形であってももらっておきたい、といったところだったのだろう。

ちなみに細川忠興の嫡子忠隆の正室千世は、利長の妹である。そのせいで利長と同様の嫌疑をかけられた忠興は、自己の無実を訴え、榊原康政・有馬則頼・金森長近に「家康様への隠し事、たくらみはございません」とする起請文を提出し、三男の光千代（後の忠利）を人質として江戸に提出することを約した。

薩摩・大隅・日向略図

このように、家康のために身動きができなくなる大名が続出していったのが、この頃の中央政界であった。

日向庄内の乱

前後するが、ここで島津氏の動向を見ておこう。この当時島津家は、石田三成にも徳川家康にも恩義があり、のちの関ヶ原合戦では西軍・東軍どちらに属する可能性もある状態である。

島津忠恒が伊集院幸侃を斬殺したことで、幸侃の遺児忠真《ただざね》は領地の日向庄内の都城に立て籠もった。忠恒が伏見に残ったため三月十四日に国元に帰っていた義久は、伊集院忠真の領地との行き来や商いを行わないとする有力家臣たちの起請文を取った。

義久はこの年六十七歳で、軍勢を率いるには高齢にすぎた。そこで体調が悪いことを理由に伏見に飛脚を遣わし、忠恒の帰国を要請した。

家康は、忠恒の帰国願いを快く了承し、忠恒に伊集院忠真討伐を許した。忠恒の従兄弟で日向佐土原城主の島津豊久にも暇が与えられ、庄内に出陣することになった。

帰国した忠恒は六月三日、鹿児島城を出陣し、東霧島金剛仏作寺（東霧島権現社の別当寺）を都城攻めの本陣とした。六月二十三日から二十五日にかけての攻撃では山田城（都城の北西二里半）と恒吉城（都城の西南四里半）の二支城を落とし、忠恒は山田城に入って指揮を執ることとした。しかし、伊集院氏は本拠の都城のほか十二の支城を有しており、簡単に攻め落とせるものではなかった。

ここで日向庄内の乱に、家康が深く関わることになる。

七月九日、家康は島津忠恒に次の書状を送った。

「伊集院忠真が今に至るまで籠城しているということを聞いた。御譜代家人の身分でこのような行いは、今後のためであるから早々成敗せよ」

島津氏を全面的に支持する内容である。そして、近習の山口直友を見舞いの使者として派遣した。

また家康は、同日付けで日向飫肥《おび》城主の伊東祐兵と肥後人吉城主の相良頼房に、「義久・忠恒の依頼があれば、貴方自身が出陣し島津家を援助せよ」という書状を送った。

忠恒は忠恒で、山田城を落とすとすぐ、六月二十四日付けで書状をしたため、庄内の絵図を添えて老臣喜入久政を伏見に上らせている。家康は久政を御前に召すと詳しく様子を聞いた。忠恒にとって家康は、最大の支援者となっていた。

八月になると、家康は島津家と親しい肥前唐津城主の寺沢広高の派遣を決め、同月二十日には、九州の諸大名に書状を送り、寺沢と相談して島津氏を援助するようにと命じた。

出陣を命じられた大名は秋月種長（日向高鍋城主）、島津豊久、伊東祐兵、相良頼房、高橋直次（筑後三池郡内山城主、立花宗茂の実弟）、高橋元種（日向延岡城主、秋月種長の実弟）の六名である（『家康』中巻）。

家康から出陣の用意を命じられた小西行長（肥後宇土城主）や立花宗茂（筑後柳川城主）は忠恒に書状を送ったが、忠恒は謝絶した。島津氏内部の争いなので、他大名の助けを借りたくなかったのだろう。これに対し小西は、「寺沢次第なので、自分の考えでは決められません」と忠恒に書き送っている。その上で小西は出陣命令に備え、鉄砲隊を三〇〇人、薩摩堺の大口まで派遣した（『新納忠元勲功記』）。

寺沢は家康から九州大名の指揮権を委ねられていたが、島津氏の意向に反することはしたくなかったようで、小西や立花に出陣の指示は出さず、少数の軍勢だけで薩摩に向かった。

家康の調停

家康が派遣した山口直友は、庄内の状況を偵察することが主な任務で、九月末には庄内を発ち、伏見に帰った。

忠真は、山口が庄内に下ってきた時点では何も反応を見せなかったが、寺沢広高が下向してくると、寺沢の家老平野源右衛門らを頼り、調停を依頼した（十一月六日付け忠真書状）。寺沢の調停で島津家から離れ、他の大名に付属させてもらおうとしたのである。しかし、寺沢はこれを受け入れなかった。

島津方も、戦の幸先はよかったが、その後は伊集院方の兵が頑強に抵抗したため戦況ははかばかしくなかった。特に九月十日の総攻撃では、島津氏の軍勢に大きな損害が出た。

十二月十一日、寺沢は島津氏家臣の比志島国貞とともに大坂に戻った。伏見にいた義弘が早速会いに行ったが、調停は不調とのことであった。

家康は、それに先だつ十一月二十七日、山口を再度庄内に派遣していた。

京都では島津氏が国元で苦戦し、多くの戦死者があるという噂が立っていた。そこで義弘は、忠恒に山口の講和調停に従うよう長文の書状を送って説得した。

すでに上方は不穏な情勢となっていた。加賀の前田利長の件で、戦争になるのではないかという観測が流れていたのである。諸大名は、武具や兵具を用意し、また越前の諸大名は兵糧の準備をしているらしかった。

このような中で、島津家だけが身内の紛争に明け暮れていたとしたら、重大な危機を招く恐れがある。伏見にいるだけに義弘の危機感は深刻だった。

家康から派遣された山口は、慶長四年の年末に現地に到着し、しばらくは戦況を見守っていた。

翌慶長五年（一六〇〇）二月六日、十二外城の一つである志和池城が、兵糧が尽きて降伏した。十四日、忠恒は高城攻めに向かった。相手が屈服するのは目前だった。

しかし山口は、これを講和の契機と考えた。同月二十九日、山口は島津義久・忠恒から「伊集院忠真が降伏すれば異義なく召し仕う」という起請文をとり、忠真に提示した。

忠真はこれを受け入れることを表明し、三月十三日、都城城を退去した。

忠恒は、あくまで伊集院忠真を攻め滅ぼすつもりだったのだが、家康の調停を無視することはできず、講和に応じざるを得なかったと言えよう。こうして十ヶ月の長きに及んだ日向庄内の乱は幕を閉じた。

島津家は、ここで家康にひとかたならぬ恩義を蒙ったことになる。

第二章　関ヶ原前夜

1　伏見

荒廃しつつあった伏見

前章までは、関ヶ原合戦に到る中央政界の動きを追いつつ、島津家がなぜ西軍につきながら領地を安堵されたのか、その背景を知るために島津家の動きを詳述してきた。あまりお金にはこだわらず叙述してきたが、すべての軍事行動の背景にはお金や兵糧が動いている。これからは、各大名の動員した人数を明記することでそれに代えたい。なお、各武将の「決算」は戦前戦後の動きを見た後、終章でまとめて述べることにする。関ヶ原合戦の直前まで漕ぎ着けたので今しばしお付き合い願いたい。

さて、島津忠恒が家臣伊集院忠真と講和を結んだ頃、会津の上杉景勝をめぐってきな臭い動きが出てきた。

景勝の旧領であった越後春日山城三〇万石は堀秀治に与えられていた。上杉家と確執のあったその堀家の家老堀直政（越後沼垂《ぬたり》郡三条城主五万石）から、慶長五年（一六〇〇）二月、隣国会津で景勝が武具を集め、道や橋を作っているという報告が家康になされた。武具を集めるのはもちろん、道や橋の整備は軍勢の通行を容易にするため、戦の準備ともみなされる。

秀吉の死を聞いて慶長三年（一五九八）九月に急いで上洛した景勝はしばらく伏見に滞在したが、翌年七月、許可をえて帰国し、新しい領国の整備にあたっていた。これは家康に報告もしており、家康もそれを認めていた。上杉家にしてみれば領国整備として当然のことをしていただけかもしれないが、堀直政の目にはそうは映らなかった。

この頃、島津家では義弘が伏見にいた。秀吉が亡くなって一年八ヶ月が過ぎ、伏見は西国大名が警備を担当するよう指示が出ていたが、諸大名は秀頼のいる大坂に屋敷を移していた。義弘は何も聞いていなかったので、そのまま伏見で屋敷を守っていた。伏見城の留守番は家康の子信吉。義弘は忠恒に、「今のままでは、伏見は荒野になってしまう状況だ」と書き送っている。

京の都は平穏無事だったが、上杉景勝の謀反が噂される状況となり、義弘は「とにかく薩摩から軍勢を呼び寄せなくてはならない時節だ」と忠恒に告げ、軍勢の派遣を促している。

しかし忠恒は、この直前まで日向庄内の乱鎮圧に多数の軍勢を動員しており、多大な損害も蒙っていた。すぐに軍勢を上洛させることができぬまま、京の状況は変化していった。

西笑承兌の手紙

五大老筆頭の立場から家康は、上杉家謀反の噂を確かめるべく、会津への使者として家臣の伊奈昭綱を派遣し、いまや五奉行の最上位となった増田長盛も家臣の河村長門という者を遣わした。

『上杉家御年譜』によると、伊奈昭綱と河村長門は四月一日に大坂を発し、十三日に会津に到着して家康の命を伝えたという。

伊奈は、秀吉追善のために建立された豊光寺の住持（住職）である西笑《せいしょう》承兌《じょうたい》が景勝の家老直江兼続宛てに書いた書状を持参していた。承兌は、秀吉の外交文書を作成するなど、秀吉のブレーンとして活動した五山の僧侶の第一人者である。上杉家の家老である直江兼続とも親しかった。そのよしみで兼続に家康の意向を伝え、景勝の上洛を勧めることで両者の間を取りなそうとしたのである。

承兌の書状は、景勝の上洛が遅滞していることを家康が不審に思っていると伝え、領内で道や橋の普請を行っていることを咎め、家康の不審ももっともだから起請文で申し開きすることが家康のお考えだと諭した。そして、前田利長の例を挙げ、一刻も早く上洛するよう景勝に諫言すべきだと勧めている。

義弘と家康

そのような状況の中、島津義弘は四月二十七日朝、大坂城の家康を訪問した。山口直友の尽力によって庄内の乱が解決した御礼のためである。家康は義弘家臣の拝謁も許すなど歓待し、食事を出して饗応した。

家康は、上杉景勝が上洛しないので使者を遣わしたと話し、義弘にこう打診した。

「おそらく景勝は六月上旬頃には上洛するだろう。しかし、もし拒絶の返事があれば、自分が出陣しようと決めている。その場合は、貴殿に伏見城の御留守番をお願いしたい」

　義弘は、とりあえず答えた。

「御意の段は承りました。御返事は、御使者に申し上げます」

　義弘にしてみれば、なかなか即答できない事柄だった。島津家にとって恩義のある石田三成は上杉家の直江兼続と昵懇である。上杉家と徳川家が相争うとなれば、どちらに付くかは即断しかねたろう。このため義弘は家康の指示は承ったことだけを言上し、正式な返事は、いずれ遣わされるであろう家康の使者に申し上げる、と回答を留保したのである。

　義弘は、家康のもとを退出した後、知人にこれについて相談した。義弘が兄義久に出した四月二十七日付け書状（『旧記雑録』）によると、それぞれの返事は次のようなものだった。

「なんと言っても公儀のことですので、御命令通りにしてよいのではないでしょうか」

　家康の言葉は「公儀」、つまり公的な命令だと認識されている。

「公儀」とは、もともと室町将軍を呼ぶものだった。秀吉存命中は使われず、秀吉は「太閤様」と言われた。絶対的な主君である秀吉の命令はそのまま公的なものだったが、秀吉の死後、誰が公かはっきりしなくなっている中で、漠然と中央政権を示す「公儀」という語がこのような形で使われるようになっていたのである。

家康は五大老の筆頭の地位にあるので、まさに「公儀」である。その指示には従わざるをえないでしょうというのだ。

留守番は一〇〇石に一人役

家康の指示に従うとしても、伏見城の留守番という役割は、義弘にとって安請け合いできるようなものではなかった。秀吉が天下の城として建設した伏見城は広大である。義弘がいま連れている軍勢ではどうにもならず、国元から大量に動員しなければならない。少ない人数で伏見城に入れば「そんな人数で守れるのか」「守る気がないのではないか」といった世間の批判もあるだろうし、そうなれば島津の家のためにもならない。しかも家康が会津へ出陣し、京を空けた隙に政変が起きればどうなるか。伏見城が攻撃される可能性もあるのである。

しかし義弘はなにより島津勢の少ないことが心掛かりだったようである。

義弘は言う。

「島津家も会津へ出陣するとなれば、一〇〇石に三人役が命じられるだろう。伏見城の留守番なら、一〇〇石に一人役くらいですむだろう」

薩摩・大隅二国と日向一郡を領する島津家の石高は、太閤検地により五五万九五三三石（在京賄料の一万石を除く）になっていた。義久・義弘の無役分各一〇万石とほかの無役分（伊集院家八万石のうちの一万石）を差し引いても三五万石である。

一〇〇石に三人役だとすれば、一万五〇〇〇人、留守番なら三六〇〇人である。義弘の周囲は「わずか一〇〇〇人にも満たず」（八月二十日付け義弘書状『旧記雑録』）という状態だったから、最低でもあと二千数百人の軍勢が必要だった。

義弘は、太閤蔵入地の返還や庄内の乱の調停のため、家康への感謝の念もあった。それに加えて義弘は、御家の名誉ということに強いこだわりを持っていた。伏見城の留守番についても次のように義久に言っている。

「もし御油断なさったら、私は言うに及ばず、御家の落ち度になりますので、念を入れられ、忠恒へ熟談することが肝要だと考えます」

豊臣政権下では、義弘が朝鮮に出陣して軍役の義務を果たしたが、家臣団の多くにとって島津家当主は依然として兄の義久である。太閤検地後も義弘は、島津氏の伝統的な本拠である鹿児島城に入らず、義久の女婿となった息子忠恒を鹿児島城に入れ、自分が家督を継ぐ形はとっていない。義弘には国元の軍勢を直接動員する権限がなかった。

このため義弘は、忠恒自身が軍勢を率いて上洛することを要請していたが、義久の意向か、庄内の乱の損耗のためか、忠恒は動こうとしなかった。

そんな義弘の苦境をよそに、家康の会津攻めの計画は着々と進んでいったのである。

2 会津

「直江状」

上杉景勝の家老直江兼続は、西笑承兌の書状に四月十四日付け書状で真っ正面から反駁した。有名な「直江状」である。直江状は真偽が疑われているものではあるが、当時の者でなければ書けない記述もあり（拙著『天下人の一級史料』）、兼続が書いたとしていいのではないかと思う。

兼続は、さしたる根拠もないのに謀反の嫌疑がかけられていることから、「上洛の儀は、できないように仕掛けられているので仕方がありません」と上洛を拒否し、景勝に謀反の心はないことを告げ、「讒人《ざんにん》（堀直政）の言うことを真実とお考えになり、不儀の策略を講じるのであれば致し方もなく、誓詞も堅約も無意味」であると言い捨てている。

使者を務めた伊奈昭綱は五月三日に大坂に帰った。兼続の返事を見た家康は、当初の予定通り会津への出兵を行うこととした。

これに対して同月七日、前田玄以・増田長盛・長束正家の三奉行、堀尾吉晴・生駒親正・中村一氏の三大名が家康に書状を送って出兵を諫止しようとした。堀尾は遠江浜松城主一二万石、生駒は讃岐高松城主一五万石、中村は駿河府中城主一七万五〇〇〇石で、諸大名の調停にあたる豊臣家の「三中老」とされる。

しかし家康は聞く耳を持たなかった。

家康、東下す

こうなると誰も逆らえない。六月十五日、前田玄以・増田長盛・長束正家の三奉行は会津出陣の命を下した（名古屋市秀吉清正記念館『兼松文書抄』）。

三奉行までが同意したことによって、会津出陣は豊臣政権の公的な命令となった。ちなみに五奉行の残り二人、石田三成は隠居し、浅野長政は謹慎中である。

ここからの軍事行動はすべて軍役となる。遠征のための兵糧も各大名が用意する必要があるし、各大名の「関ヶ原の決算書」はここが起点となるわけだ。

そこで、主な大名には関ヶ原合戦前の領地の石高を付しておくことにする。

翌十六日、上杉景勝（一二〇万石）の領地会津と接する常陸の佐竹義宣（五四万石）、陸奥仙台の伊達政宗（五八万石）、出羽山形の最上義光（二四万石）が、伏見を出てそれぞれ帰国の途についた。景勝を包囲する体制を築くのである。

同日、家康も会津攻めの準備のため大坂城を発して伏見城に入った。大坂城の留守は前田・増田・長束の三奉行が務めることになった。

伏見城の留守は家康を長らく支えてきた家臣である鳥居元忠・内藤家長・松平家忠らに命じられた。同月十七日のことである。

翌十八日、家康は伏見を発した。島津義弘は山科まで家康を送っている（八月十六日付け義弘書状『旧記雑録』）。

家康は豊臣家の勢力圏である近江・伊賀を過ぎるために細心の注意を払っていた。

近江・大津では大津城主京極高次が昼食の饗応をし、瀬田まで家康を送っている。

同日、家康が近江の石部で宿泊する際には水口城主長束正家が出迎え、餞別として鉄砲二〇〇挺を進上し、翌日城下に立ち寄るよう要請した（「慶長年中卜斎記」『改訂史籍集覧』第二六冊）。家康はいったん承諾したものの、直線距離で四〇キロほど離れたところにある佐和山城の石田三成が奇襲を企てているとの風聞があり、五奉行である正家も三成に通じているかもしれないということで、夜半、石部を発し、水口城下を急ぎ通り過ぎた上で、正家に城下立ち寄りの謝絶を使者で伝えた。

これは招待した者の面目を失わせかねない行動とも言える。適当な理由をあげて謝絶したにせよ、家康の城下通過を知った正家は隣国甲賀の土山まで追いかけてきて挨拶した。もちろん表面上は友好的な見送りだっただろうが、正家としてはそのままにしてはおけないことだったのである。

家康は、この後、徹夜で鈴鹿峠を越え、十九日夜明け頃に伊勢の関に着き、やっと士卒にゆっくり休養させた。古来、鈴鹿峠の東を関東と呼び慣わした。その峠を越えられてひと安心、ということであっただろうか。

だが繰り返すが、家康は「公儀」のはずであり、会津攻めは公的な戦いのはずである。領内を通り抜けようとする家康一行を大名が饗応しようというのも当然のことである。

それにもかかわらず疑心暗鬼に陥ったとも言える行動を取り、急いで伊勢まで抜けていったことは、家康の注意深さとともに内心の後ろめたさを物語っているようにも見える。

同月二十日、四日市に着いた家康に桑名城主の氏家行広が明日饗応したいと申し出た。しかしここでも家臣の井伊直政の意見に従い、その晩の内に船出をし、二十一日、三河の佐久島に達した。ここで領主田中吉政（一〇万石）の饗応を受けた。

さすがに三河に達したのだから家康の勢力圏のようだが、この時代は違う。三河吉田（愛知県豊橋市）は池田輝政（一五万二〇〇〇石）、遠江浜松は堀尾忠氏（一二万石）、遠江掛川は山内一豊（五万九〇〇〇石）、駿河府中は中村一氏（一七万五〇〇〇石）の城下町、いずれも豊臣大名の地域である。もとは秀吉の甥で、跡継ぎとして関白となりながら失脚、切腹させられた豊臣秀次に付属された大名たちだったが、秀次切腹後は独立した城主として領地を治めていた。いわば家康を押さえるために秀吉が配置した豊臣大名の地域だったのである。

しかし、家康は豊臣政権の五大老筆頭として、政権に反抗する上杉景勝を討つために東下しているわけで、池田輝政以下の諸大名は家康を出迎えて饗応した。家康は、二十二日白須賀、二十三日中泉、二十四日島田、二十五日清水の清見寺、二十六日三島と宿泊した。二十七日には箱根を越えて小田原に泊まり、二十八日藤沢、二十九日鎌倉、七月一日神奈川に、それぞれ泊まった。

そして七月二日、ようやく品川に着き、出迎えた秀忠とともに江戸城に入った。この間十五日の旅程だった。

家康に従った大名

会津攻めは「公儀」のものであるから、上方から関東方面、つまり中部地方以東の諸大名は家康とともに従軍すべきだと考えられていた。

家康と彼に従った大名の兵力は、約五万五八〇〇人とされる（太田牛一『関東軍記』東京大学総合図書館「南葵文庫」）。家康と前後して東下した大名は、以下の面々である。

福島正則	尾張清洲城主	二〇万石
筒井定次	伊賀上野城主	二〇万石
金森長近	飛騨高山城主	三万八七〇〇石
田中吉政	三河岡崎城主	一〇万石

池田輝政　三河吉田城主　一五万二〇〇〇石
山内一豊　遠江掛川城主　五万九〇〇〇石
堀尾忠氏　遠江浜松城主　一二万石
中村一氏　駿河府中城主　一七万五〇〇〇石
京極高知　信濃飯田城主　九万石（慶長四年四月に四万石加増）
浅野幸長　甲斐府中城主　一六万石
（父長政と合わせて二二万五〇〇〇石、一万石は秀吉蔵入地）
細川忠興　丹後宮津城主　一一万石（慶長五年二月に豊後二郡六万石を加増）
藤堂高虎　伊予板島城主　八万五〇〇〇石
加藤嘉明　伊予真崎城主　一〇万石
黒田長政　豊前中津城主　一八万一九〇〇石
寺沢広高　肥前唐津城主　六万一六〇〇石

細川忠興（一一万石）の領地は丹後であり前述の条件に当てはまらないが、彼は三成襲撃の首謀者となるほど石田三成とは仲が悪かったうえ、慶長五年（一六〇〇）二月には加増を受けており、これは家康の好意によると言われていた。このため是非家康に従いたい、ということだったろう。四国勢では、やはり秀吉麾下であった藤堂高虎（八万五〇〇〇石）・加藤嘉明（一〇万石）のほか、讃岐丸亀城主生駒親正の子生駒一正が父と反対の立場で参陣している。

また、やはり条件に当てはまらない九州大名では、黒田長政（一八万一九〇〇〇石）と寺沢広高（六万一六〇〇石）が参陣している。この二人はあまりに領地が遠すぎ従軍の義務はなかったが、両者ともに秀吉恩顧の大名でありながら家康に接近しており、いちはやく旗幟を鮮明にしたということなのだろう。

もし彼らが家康に従わず上方に留まっていたとしたら、関ヶ原合戦にも参加できなかっただろう。三成挙兵後、身動きが取れなくなってしまったはずだからだ。例えば肥前佐賀の鍋島勝茂（三一万石）などは家康に心を寄せながら、三成挙兵後は西軍方に属して戦わざるを得なくなっている。彼らにしてみれば、この時点で家康に従ったのは賭けとしては成功だったと言える。

七月七日、家康は江戸に集結したこれらの大名を饗応し、来る二十一日を会津攻撃の期日とした。この時、同時に軍令も定めているが、これは諸大名へのものではなく、自身の軍勢に対するものである。

江戸に集結した大名以外にも、家康は周到な指示を行った。同日、家康は出羽山形の最上義光に、会津出陣の期日を定めたので周辺大名を誘って参陣するように、と命じている。出羽湊の秋田実季（一九万石）、出羽角館の戸沢政盛（四万四三〇〇石）には、最上と同心して米沢に参陣するようにと命じている。

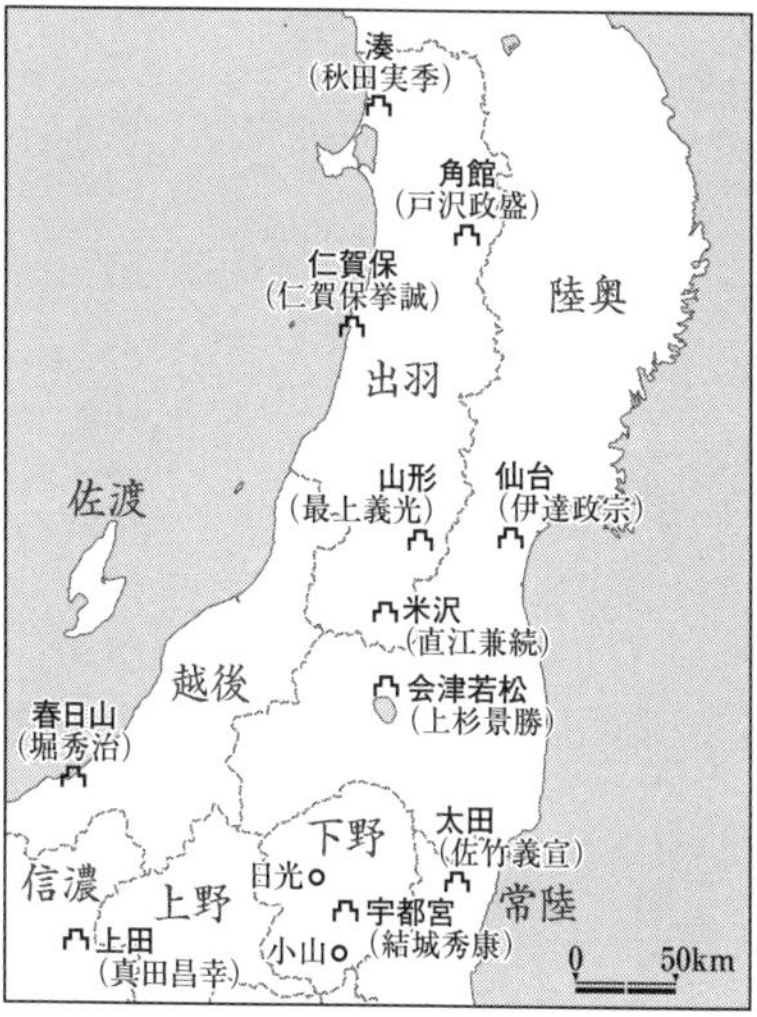

「北の関ヶ原」概略図

また、出羽仁賀保の仁賀保《にかほ》挙誠《たかのぶ》（五〇〇〇石）には出羽庄内への押さえとしてその地にあるようにと命じ、家臣の屋代秀正へは、前田利長が北国筋から米沢に至れば案内者として働くよう命じている。

地図を見ていただければわかるように、四方から会津に攻め込む戦略だったのである。

3　大坂

三成の挙兵

一方、のちに関ヶ原合戦で西軍となる石田三成方の動静はどうだっただろうか。

越前敦賀城主の大谷吉継（六万石）は、会津攻めに加わるため軍勢を率いて美濃の垂井に至ったところ、親しくしていた謹慎中の石田三成（二〇万三二〇〇石）に佐和山城に招かれた。引き返して佐和山までやってきた吉継に、このままにしておけば家康が天下人となることを危惧していた三成が挙兵して家康を除くことを相談した。吉継は三成を翻意させようとするが、無駄だった。

家康が会津攻撃の期日を二十一日と定めた七月七日、吉継は誘いを断っていったんは垂井に戻るが、十一日、再び佐和山に行き、三成に協力することにした。自分が断っても三成の決意は固い。それなら親友の三成と運命を共にしようと決意したのである。

この頃、三成が上方で軍勢を率いて動くことは比較的容易となっていた。会津攻めのため、多くの軍勢が上方から美濃、東海道へと進軍していたからである。慶長四年（一五九九）の七武将襲撃事件以後、領地佐和山に隠居を余儀なくされていた三成だが、敵対する者たちの多くが家康に従って東下していたのだ。

公家の西洞院時慶の日記によると、十二日夜から伏見・大坂には騒動が起こっていた。翌日、時慶が訊ねたところ、「会津攻めに参加した軍勢が少し帰って来ている」とのことだった（『時慶卿記』）。真相がわからない伏見や大坂の者は、最初は会津攻めに従軍した者が少々戻ってきた、という認識だったようだが、実際は石田・大谷の軍が大坂に乗り込んだのである。

ここから、西軍編成の動きが始まってゆく。関ヶ原合戦の約二ヶ月前である。

七月十二日の大転換

石田・大谷の動きは、豊臣家の家臣である大坂方にとっても不安の種だった。五奉行の増田長盛は、七月十二日付けで家康の部将永井直勝に宛て、「今度、垂井において、大谷吉継が病気となり、また石田三成がなにやら出陣するというような噂があります。また追ってご連絡します」と書状を書いている。

おそらくこのすぐ後に、三成と大谷が軍勢を率いて二人で大坂に入ったのだと思われる。

打倒家康を掲げた三成らの計画を聞いた淀殿や増田長盛・長束正家・前田玄以の三奉行の対応は、七月二十七日付けで家康の部将榊原康政が秋田実季に送った書状（「秋田家文書」『青森県史』資料編中世2）に次のように書かれている。

「さて、上方において石田三成と大谷吉継が謀反を企てたので、大坂から淀殿と三奉行、前田利長らが早く家康に上洛してほしい、と申し来たので（後略）」

淀殿、三奉行、それに加賀の前田利長ら豊臣家の中枢メンバーは、三成らの挙兵に対してどうしていいかわからず、まさに関東から東北を目指していた家康に上洛を懇願してきたのである。

関ヶ原合戦の陰の首謀者のように言われる淀殿だが、最高権力者の第一の側室として大坂城にあっただけで、実際にはそれほど政局が読めていたわけではなかっただろう。秀吉存命中でも政治的に何か発言権があったわけではなく、秀吉死後は何もわからないうちに政局が勝手に動いていたのである。

そんなわけで、淀殿は、三成の計画を聞いても判断のしようがなく、当時は信頼していた家康にとにかく戻ってきてもらって事態に対処しようとしたものだろう。これは三奉行も同様だった。

これに対し、大坂城に乗り込んだ三成らは「このまま家康に任せていては豊臣家の将来が危うい」などと、三奉行や淀殿の説得に努めたのだろう。

上方の噂を家康に伝え、「また追ってご連絡します」と書いた長盛だが、同じ十二日には三奉行連署で五大老の一人、安芸広島の毛利輝元（一一二万石）に早々大坂に上るよう要請している。

これは三奉行が、もと同僚の三成の説得に応じたことを示している。十二日のうちに政局の大逆転が起こっていたのである。

三成の味方をすることを決意した三奉行は七月十七日、「内府違いの条々」すなわち家康の落ち度を列挙した文書を諸大名に送る。淀殿は積極的ではなかったかもしれないが、豊臣家を支えてきた三奉行がそう決心した以上は、それに任せざるを得なかっただろう。

島津義弘の行動

伏見の薩摩屋敷にいた島津義弘が三成や大谷の動きを知ったのは七月十四日のことである。すぐさま国元の忠恒に書状を送り、「こちらには人数がおらず、どうにもならないとたいへん困っている」と訴え、次のように要望している。

「おまえが国元に帰る時、御家の御奉公のため、わたしが朝鮮から帰って以降引きつづき在京するが、もしもの時は見捨てないだろうかと問うた時、身命の限りは見捨てませんという返事を聞いた。その気持ちに今でも相違がないならば、人数を出して誠意を示してもらえれば本望である。人数を出すのが遅れれば無駄になるので、急いで命じてほしい」

伏見にいた薩摩の人数は合戦のための編成ではなく、いわば通常の在京の体制で、中心は義弘の家臣だけだった。どちらに荷担するにせよ、義弘には薩摩の正規の軍勢が必要だったのである。

義弘は同時に兄義久にも書状を送り、人数が足りないことを訴え、早速に義久方の軍勢も上方に派遣してほしいと懇願している。

ただ、救いは義弘の甥で佐土原城主の島津豊久が上方に来ていたことだった。

豊久は五月十二日、佐土原を発ち、海路で上方に至り、伏見に来ていた。その後、諸大名に暇が与えられたので大坂に下っていた。義弘は諸事、豊久と相談して事に当たった。

毛利輝元の参加、従った大名たち

三成の行動の成否を決めるのは、家康と肩書きで並ぶ五大老毛利輝元の動向だった。先に述べたように三奉行は七月十二日のうちに、国元の広島にいる輝元に至急の上洛を求めた。そして、三成の盟友であり、毛利家と縁の深い安国寺恵瓊《えけい》が事情を輝元に伝えた。

七月十五日、輝元は三奉行の要請を受け、直ちに六万もの軍勢を率いて国元を出船し、大坂に向かった。この日、肥後熊本の加藤清正に宛てた書状には、「自分はとにかく秀頼様へ忠節を遂げるつもりなので、貴殿も指図次第に上洛するように」と告げている（『松井文庫所蔵古文書調査報告書』二―四一六）。

光成準治氏は『関ヶ原前夜』で、十二日付けの三奉行書状が広島に着いたのは十五日だろうから、その日のうちに上坂に用いる船や家臣などを動かすためには、「決起に備えてあらかじめ準備していた蓋然性が高い」と指摘している。あらかじめ決起を予想していたとまで言えるかどうかはわからないが、輝元が即断したことは確かである。

輝元は上坂するにあたって、島津忠恒にも加藤清正宛てと同様の書状を送っている(『旧記雑録』)。

「奉行衆よりこのような書状が到来したので、是非に及ばず今日十五日に出船しました。とかく秀頼様へ忠節を遂げます、と言上しました。指図に従ったまでのことです。事情は、重ねて申し入れます。なお、義弘殿は御無事とのことですので、ご安心ください」

輝元は三奉行の要請を受け、取るものも取りあえず上坂したのである。そしてそれは、「秀頼様への忠節のため、三奉行の指図に従ったまでだ」というものだった。しかし輝元には、大坂城の総帥として迎えられたという自負もあっただろう。

七月十七日、大坂にいた毛利秀元(輝元の甥でもと養子)は、大坂城西の丸の留守を守っていた家康の留守居佐野正綱らを追い出して西の丸に入った。以後、この秀元が毛利家の中心として働くことになる。

そして十九日、六万の兵を率いた輝元が大坂城に入った。これは徳川家本軍の兵力と匹敵する大軍である。

こうして毛利輝元を大将に祭り上げた三奉行は秀頼を擁したことで豊臣政権の主流となり、家康の方が謀反軍となったのである。

宇喜多秀家の動向

備前岡山城主で、やはり五大老の一人である宇喜多秀家（五七万石）も、この頃大坂に到着した。そして七月十七日付けで諸大名に宛て、輝元と連署して二大老連署状を送り、家康のこの間の行動を非難し、秀頼様を取り立てるため家康と戦う意思を表明し、「秀頼様へ御馳走する（味方して軍勢を出す）べきである」と要請した。加賀の前田利長への連署状は、次のような内容である。

「去年以来、家康が太閤様の御遺命に背かれ、起請文をほしいままに破る行動をしていることは、三奉行から申し入れられるでしょう。ことさら大老や奉行が一人ずつ相果てられるようでは、どうして秀頼様を取り立てることができるでしょうか。その段をよく考え、それぞれが相談して戦うことに決しました。御手前もおそらく同様の御考えだと思います。この節、秀頼様へ御馳走されるべきことは、言うまでもないことでしょう。御返事をお待ちしています」（『家康』中巻）

前田玄以・増田長盛・長束正家の三奉行も同様の連署状を送り、あわせて「内府（家康）違いの条々」と題する家康への弾劾状を作成し、諸大名に送付した。

豊臣家を支える二大老と三奉行は、ここにはっきりと家康と対決することを宣言したのである。

西軍の大名たち

二大老・三奉行による連署状は、西国大名に大きな影響を及ぼした。これに答えて上方に来た大名は多数にのぼり、総勢九万三七〇〇人（太田牛一『関東軍記』）という。主な大名は以下の通りである。

毛利輝元	安芸広島城主	一一二万石
宇喜多秀家	備前岡山城主	五七万石
脇坂安治	淡路洲本城主	三万三〇〇〇石
蜂須賀家政	阿波徳島城主	一七万七〇〇〇石
生駒親正	讃岐高松城主	一五万石

安国寺恵瓊	伊予国内	六万石
小川祐忠	伊予今治城主	七万石
長宗我部盛親	土佐浦戸城主	二二万石
小早川秀秋	筑前名島城主	三五万七〇〇〇石
立花宗茂	筑後柳川城主	一三万石
鍋島勝茂	肥前佐賀城主	三一万石
小西行長	肥後宇土城主	二〇万石
相良頼房	肥後人吉城主	五万石
高橋元種	日向延岡城主	五万石
伊東祐兵	日向飫肥城主	五万七〇〇〇石

一一二万石の毛利家には毛利秀元・吉川広家らの一門武将がおり、それぞれの軍勢を率いていたが、広家が徳川方と気脈を通じるなど、一枚岩ではなかった。阿波徳島の蜂須賀家（一七万七〇〇〇石）でも当主家政の嫡子至鎮が、讃岐高松の生駒家（一五万石）でも嫡子一正が、主力部隊を率いて東軍に参加していた。

彼らが大坂に集結したのは、三成に味方したというより、豊臣政権を担う二大老・三奉行が「秀頼様への御忠節」を大義名分に掲げて出陣を命じたからである。これは多くの西国大名にとってみれば命令で、大坂に行かざるを得ない。

島津義弘、伏見入城を断念

このように大坂が風雲急を告げる中、伏見にあった島津義弘は七月十二日の夜半、大坂城の三奉行に覚書を送り、「伏見城の本丸と西の丸の間に在番したいと二度にわたって願ったが、納得を得られなかった。城内に在番できないのであれば、大坂に下り、秀頼様の側にいたい」と言い送った。

そして、「秀頼様の御為になることなら、あなたがたの相談次第にするつもりだと安国寺恵瓊に申した」とも書いている。

どういうことか解説すれば、この時点で義弘は、家康から打診された伏見城の守備を三奉行の許可の上で行おうとしたようである。しかし、三奉行からすれば、島津氏を敵方に渡すことになるので、それは許可できなかった。

また義弘は、伏見城の留守居を家康に命じられた鳥居元忠らにも伏見城に入れてほしいと打診している。真意ははっきりしないが、徳川家に対して「平地では御味方はできないので、御城へ籠もりたい」と要求し、鳥居らからは「島津殿を御城に入れることはできません」と断られている。

そこで義弘は、「それでは、平地では御味方はできないので、やむを得ずそちらへの味方はしません」と告げ、江戸の家康にもその旨を報告した書状を、井尻弥五助という者を使者として持たせた。

これに対し家康は返事を書いたが、井尻は戻る時、近江の水口で西軍方に拘束され、書状は捨てられ花押だけが残されたという（「大重平六覚書」『旧記雑録』）。書状の内容は秘匿し、しかし井尻が使者の務めを果たしたことは証明するため、花押だけが渡されたものだろう。井尻はいろいろ抗弁し、ようやく拘束は許され、伏見に戻ってきた。

もし義弘が伏見城に入城できていれば、この直後に主導権を握った三成は、義弘に自分の方に付くようにと持ちかけたろうし、義弘もそれに従って伏見城から内応していた可能性が高い。鳥居らの判断は正しかったと言えよう。義弘の行動は、あくまで御家のために「公儀」の指示に従うというもので、毛利、宇喜多、三奉行が三成方に付いてからは、三成の命令が「公儀」であったからである。

七月十七日、三奉行は義弘に、「家康が起請文や太閤様御遺命に背き、秀頼様を見捨てて出馬したので、我々が相談して戦うことにした。内府違いの条々を別紙に列挙したので、これを尤もだと思い、太閤様の御恩賞を忘れていないならば、秀頼様へ御忠節をなさるべきです」と告げる連署状を発給している。

しかし義弘には、それ以前に石田三成からの連絡があったようである。なぜなら義弘はその二日前、七月十五日付けで初めて会津の上杉景勝に次のような書状を送っているからである。

「今度、家康が、貴国へ出張したので、輝元・秀家を始め、大坂御老衆（三奉行のこと）、小西、大谷、石田が相談され、秀頼様の御為なので、家康を討つことにしました。あなたもこれに同意するはずだと聞きました。拙者も同様です。詳しくは、石田殿より申されるでしょう」

おそらくは三成の依頼によって義弘は三成方に付くことを上杉に告げ、ともに秀頼様のために戦おうと勧めたのである。

4　再び伏見

伏見城内の動静

こうして東西大名の東軍（徳川方）西軍（三成方）への帰属はほぼ固まった。伏見城を守る家康の留守居・鳥居元忠らは、三成方の攻撃を予測し、誰も城に入れない体制を取った。

本丸を鳥居が守り、大手門を守る曲輪《くるわ》には松平家忠が入り、西の丸は内藤弥次右衛門が固めた。秀吉の甥である木下勝俊は、家康の命によって松の丸を守備していたが、危険を避けて立ち退いた。

近江の徳川領の代官深尾清十郎・岩間兵庫・石部小一郎らは、配下の甲賀者を連れ、伏見まで来て籠城したいと告げた。近江にいても西軍に対抗できないと考えたのだろう。鳥居は彼らを伏見城に入れ、配下の松平五左衛門と深尾、甲賀の者を、木下勝俊が立ち退いた松の丸に入れて守らせた。奈古屋丸にも甲賀の者を分けて入れた。

大坂城西の丸を追い出された佐野正綱も伏見城に合流してきた。

後に東軍に内通することになる小早川秀秋（三五万七〇〇〇石）はこのとき伏見城に使者を遣わして、本丸に北政所と秀秋の父木下家定を入れ、秀秋らは西の丸を守備することを申し出たが、鳥居が拒否したとされる（『寛永諸家系図伝』稲葉正成）。

この記述は真偽が疑われているが、十分にあり得た話だと思う。ただ、小早川勢が本当に鳥居に味方するつもりだったかどうかはわからない。

わからないからこそ、鳥居はたとえ誰であっても伏見城に入れようとはせず、徳川の留守部隊だけで伏見城を守り、玉砕しようとしたのである。

伏見城は、三成方が大坂城から軍勢を東に送ろうとした際、素通りできない位置にある。三成方が京都を握る、あるいは東に進出するには伏見城を手に入れなければならないのである。

そうである以上、三成方との交渉は考えられない。踏みとどまって戦い、少しでも三成方の動きを遅らせる必要があった。

七月十七日、増田長盛から鳥居に使者があり、「城を渡して関東へ帰るなら、こちらは目をつぶる」と告げた。しかし鳥居は受け入れず、「重ねてこのようなことを申し越すのであれば、使者の首を刎ねる」と覚悟の返事をした。

伏見城攻め

七月十九日、三成方から伏見城に矢入れ（開戦の合図の矢を射ること）があった。秀吉が天下人の城として築いた伏見城は広大で、簡単に攻め落とせる城ではない。大軍で包囲したものの、少ないながら籠城兵の頑張りもあって、なかなか落とせなかった。この戦いに、島津義弘も参加している。

七月晦日付け松井康之・有吉立行連署状に、「伏見城はたいへん堅固です。そのため手当として島津殿へ御鉄砲衆・御馬廻衆を預けておき、西軍の主力の軍勢は瀬田へ進んだということです」（『松井文庫所蔵古文書調査報告書』二―四二二）とある。「御鉄砲衆」と「御馬廻衆」は、「御」があるから豊臣家のものである。薩摩勢の人数不足が明らかだったので、毛利輝元は義弘に豊臣家の鉄砲衆や馬廻衆を加勢に付けたのである。

この間、毛利勢を中心とした主力部隊は近江の瀬田に向かった。大津城の京極忠高が家康に心を寄せていたので、これに対抗するため軍勢を瀬田まで先進させ、城を作ることにしたのである。瀬田は壬申の乱で大友皇子の近江朝廷の最後の拠点となったところで戦略上の要地である。

伏見城落城

伏見城を守る鳥居の粘りは驚くべきものだったが、多勢に無勢である。

伏見城攻めの寄せ手（攻撃陣）の中にいた浮貝藤助という者は、松の丸に籠もっていた深尾清十郎組の甲賀者に矢文を射こみ、次のように伝えた。「あなたがた甲賀者が当城に籠もっているので、甲賀に残し置いている妻子を捕え磔に架けようと増田長盛と長束正家が談合している。その心得をしておけ。もし、こちらと心を合わせて裏切りをするのであれば、妻子を助けるだけではなく、かなりの恩賞があるだろう。急いで城中に放火する手立てをすれば、その煙を合図にこちらの軍勢が一挙に攻め入り、乗っ取るだろう」

甲賀者たちはこれに驚き騒ぎ、「裏切りをする」と矢文で返事をした。

七月晦日の夜、伏見城松の丸で西軍に内通している者が島津勢、小早川秀秋勢を城内に引き入れた（九月一日付け長井利貢書状『旧記雑録』）。義弘の配下の者は極楽橋から城中に攻め入ろうとしたが、鳥居の家臣が防戦し、義弘の配下の者が少々討たれて引き返したという。

いったんはそうやって押し返されたものの、その日の夜半、内通を約していた甲賀者たちが松の丸に火を掛けた。

これを見て、浮貝藤助らが城中に乗り込み、小早川秀秋の軍勢も続いて攻め込んだ。このため、八月朔日の朝には、松の丸と奈古屋丸は西軍の制圧するところとなった。鳥居に守備を任されていた松平五左衛門はここで討ち死にした。

鳥居同様、家康に長く仕えた老部将松平家忠は、大手門の曲輪から三度まで斬って出、ついに討ち死にした。やはり伏見城に籠もっていた家康の部将内藤弥次右衛門、岩間兵庫、上林竹庵も討ち死にした。

本丸を固めていた鳥居には、寄せ手もしばらくは直接には攻め掛からず、火矢を大量に射かけた。鳥居の家臣たちは懸命に消火に努めたが、ついに月見櫓に火が掛かった。鳥居はこれまでと決意し、残った兵を集めて寄せ手の中に駆け込んで働き、ついに討ち死にした。

寡勢でありながら、一〇日以上も敵を引きつけ、壮絶な討ち死にを遂げた鳥居元忠の苛烈なまでの忠実さを家康は惜しみ、嫡男忠政は後に六万石を加増され、一〇万石の大名に取り立てられている。

島津勢の奮闘

伏見城落城の最大の功績者は、大軍を擁して戦った小早川秀秋勢だった。島津勢も少ない軍勢ながら奮闘した。

『旧記雑録』伏見城落城の八月朔日の条に、薩摩勢で討死した者有馬藤七兵衛純房以下二十二名が列挙されている。義弘の直臣のほか、北郷・種子島・禰寝《ねじめ》の有力家臣の家来が犠牲になっている。

島津家家臣として関ヶ原合戦に従軍した神戸久五郎が残した「神戸久五郎覚書」(『旧記雑録』)には、久五郎の親勝兵衛の次のような戦いが記されている。

「八月朔日未明、松の丸口との間の石垣に、五代舎人と神戸勝兵衛が一番に取り付いた。勝兵衛は、矢狭間に三つ、四つ鎗を入れたところ、敵がその鎗をつかんで内に引き入れようとしたので、門脇の石垣の中程まで引きあげられた。勝兵衛はそれを引っ張り返したところ、敵が手を放したので、石垣の下に落ちた。立ち上がって再び攻め込もうとしたところ、鎧の草摺りのはずれを鉄砲で撃ち抜かれ、深手を負った。この時、財部伝内は、門より中に入り、敵と組み討ちして、相討ちで討ち死にした」

島津勢は、城内に入ろうとして、かなりの損害を蒙ったようである。戦いとなれば命を惜しまないのが島津武士だった。

しかし、活躍したにもかかわらず義弘は、「自分には人数がいないので、思うように動けず面目は丸つぶれだ」と嘆いている。

前述の神戸勝兵衛は、深手を負ったのでもう死ぬだろうと覚悟していたが、義弘が毎日一度ずつ見舞い、薬を下賜したためか、命は助かった。島津勢が美濃へ移動する際、勝兵衛は御供を願ったが、いまだ腰が立たない状態だったので慰留され、息子の久五郎が義弘に従って従軍したという。

それはともかく、島津家は伏見城攻めから完全に西軍に組み込まれ、勇戦していたわけである。

5　小山

小山評定

上方では伏見城攻撃が始まった直後の七月二十一日、家康は会津を目指して江戸を発つと北上を開始し、同日、武蔵の鳩ヶ谷に泊まると二十二日には武蔵岩槻に、二十三日には下総古河に泊まった。二十四日に下野小山に着陣した。

この頃、三成挙兵を伝える知らせが家康のもとに届いた。家康は、この旨を宇都宮にいる秀忠に伝え、会津に向かう先手の大名たちや部将の榊原康政を引き返させた。こうして、家康に従って東下し、会津攻めに加わっていた諸大名はみな小山に集まってきた。

ここで従軍した武将が家康とともに三成らと対決することを決した。世に言う「小山評定」である。

七月二十五日、家康は小山の陣所に集結した大名たちに食事を提供した。そして本人は姿を現さぬまま配下の山岡道阿弥と岡江雪を使者として諸将に「景勝をまず御退治なさるべきか、上方を鎮められるべきか、諸将はどのようにお考えになるのか」を尋ねた。すると福島正則・黒田長政を始め一同は「まず上方を御退治するのがよい」と答えた。

ここで家康が諸武将の前に姿を現し、福島・池田の両名を先鋒とし、彼らを西に向かわせることにした。進路に当たる遠江掛川城の山内一豊（五万九〇〇〇石）は、遠江浜松城の堀尾忠氏（豊臣家の三中老である堀尾吉晴の子。一二万石）と協議して、東海道筋の居城はすべて家康に明け渡そうと提起した（「関原始末記」『改訂史籍集覧』第二六冊)。

「小山評定」については真偽が疑われている(白峰旬『新解釈関ヶ原合戦の真実』)。しかし、会津攻めは豊臣「公儀」の軍事行動であるから合議の必要はないが、家康が三成の挙兵に対して新しい方針を出す場合、諸武将の了解を取り付ける必要があったから、こうした会議が開かれた蓋然性は高い(笠谷和比古『徳川家康』)。

七月二十六日、家康は、越後春日山の堀秀治(三〇万石)に宛て「上方の軍勢は、今日二十六日すべて上方に向かいました」(「前田氏所蔵文書」『家康』中巻)と書いている。二十五日に小山で方針が決定され、二十六日には行動が起こされたことになる。

兵糧の調達

小山評定で上方への反転が決まった直後、家康は、三奉行のうち豊臣家の財政担当の長束正家に、次のような書状を出している(七月二十五日付け「光明寺文書」『新修徳川家康文書の研究』第二輯)。

「今度上方へ上る総人数の兵糧を準備してください。おおかた八万人ほどの総計です。その旨を心得ておいてください。恐々謹言。なお、その兵糧は、近江の水口で渡してください」

　すでに会津攻撃軍は長期にわたって遠征の途にある。その数八万。これだけの軍勢が上方に戻るとすると、兵たちは兵糧不足に困窮するはずである。そのため、豊臣家の財政担当の長束に連絡し、兵糧を支給してもらおうとしたのである。

東海道沿いの領地

　諸大名にとって、長期の遠征の際の兵糧の調達をどうするかが一番の懸案であって、家康は総大将として、それに気を配っている。これは当然の配慮であるが、このときすでに三奉行は家康を討つことに決している。にもかかわらずこのような書状を送ったということは、家康はこの時点ではまだそのことを知らなかったということだ。

　その意味では、小山評定で山内一豊が、東海道筋の大名は居城を明け渡すべきだと提言したのは兵糧調達の面でも非常に大きな意味を持っていた。当時、各城には非常用の兵糧が備蓄されていた。これらが使えるのであれば、家康は西上する軍勢にこの兵糧を供することができる。これについて、後の史料だが、大田南畝の『一話一言』（『日本随筆大成』別巻第一巻）に、一豊が次のように言ったと書かれている。

「拙者が領している城は東海道にあります。すぐに家康様の軍勢で守らせて下さい。年々蓄えておいた兵糧もたくさんあります」

そして一豊は、家来や妻子を池田輝政（一五万二〇〇〇石）の三河吉田城に移らせた。これは人質を提出したようなものである。城を明け渡すというのは、そういうことなのである。

七月二十六日、東軍諸将は、次々に小山を発った。

先陣は、福島正則、黒田長政、加藤嘉明、細川忠興、田中吉政、筒井伊賀（定次）、藤堂高虎、京極高知で、軍監として家康の重臣本多忠勝と井伊直政が付いた。

第二陣は、池田輝政、浅野幸長、有馬玄蕃（豊氏）、松下右兵衛、山内一豊、堀尾忠晴、池田備中、一柳監物らである。

そして第三陣は、蜂須賀至鎮、生駒一正、寺沢広高、金森長近らである。

これら先鋒の軍勢は、五万余人であった（『黒田家譜』）。

これらの軍勢は、東海道筋の城が明け渡されたことによって、兵糧の心配をすることもなく、福島正則（二〇万石）の居城清洲城まで進むことができた。

家康と黒田長政

家康が長束正家に送った書状に明らかなように、小山評定の時、家康や東軍武将がつかんでいた情報は、三成が挙兵したということだけだった。その後、家康は毛利輝元や三奉行が三成に与したことを知る。七月二十九日付け黒田長政宛ての家康書状には次のように書かれている。

「あなたが先に西に向かった後、大坂奉行（三奉行）までが別心を構えた（裏切った）と伝え聞いたので、重ねて相談したいと思っていたが、すでに西に向かっていたので、そうできませんでした」

三奉行の別心という情報を受けた家康は即座に長政に書状を送ったと考えられるから、家康が知ったのはこの書状を書いた二十九日ということになる。

それでも家康は、奥平藤兵衛（貞治）という者に、長政を追いかけ呼び返すよう命じた。藤兵衛は、相模厚木で長政の軍勢に追いつき、これを告げた。長政は厚木に軍勢を残し置き、少々の人数を連れ、小山に戻った。

家康は喜び、終夜今後の手立てを相談した。家康が最も気にしていたのは、東軍についた秀吉恩顧の武将の中でも、加藤清正に並ぶ勇名を馳せた福島正則が敵方になるのではないか、ということだった。

長政は、「福島正則殿はこちらに属すると存じます。特に石田三成と仲が悪いので、三成に従うことはないでしょう。もし思いがけず三成の計策に欺かれてあらぬ気持ちが起こったとしても、私が理を尽くして諫めるので、それを承諾しないということはありません。それについてはご安心ください」と請け負った（『黒田家譜』）。

家康は家康で、東軍武将のとりまとめに心を砕いていたのである。

家康は西上部隊を先発させると、自らは江戸に戻った。

福島正則の清洲城明け渡し

こうして八月十四日、先発した東軍諸将は福島正則の居城清洲城に集結した。黒田長政は正則に、家康が江戸から上ってきたら清洲城を明け渡すようにと持ちかけた。正則はしぶった。

「一日や二日の宿ならかまわないが、長く城を明け渡すと、多くの家来の妻子まで路頭にあって、敵に捕われることもあるかもしれない。武士が戦場に臨む時、家のことを忘れてこそ勇むものだ。家臣達は戦場に臨んで、妻子の居所を心配すると、合戦の障りともなる」

城を明け渡すということが、大名にとっていかに抵抗のあることだったかがよくわかる。しかし、山内一豊は率先してすでにそれを提言しており、正則の領地も上方への道筋にある。また、この頃、西上してきた東軍と、東下してくる西軍とぶつかるとすれば、美濃のあたりであろうということもわかりつつあった。

「貴殿の言うことも道理です。しかし、よく考えてください。今回、家康様が美濃で敵と合戦するのは、天下を決めるものです。我々の身の上だけでなく、妻子の命もこれで決まります。家康様が御上りになって、総大将の居城がなく野陣を敷けば、敵に侮られ、味方の弱点となります。もし敵が勝てば、貴殿の城を失うことは言うまでもなく、皆の妻子も残らず敵に殺され、大いなる恥をさらすことになるでしょう」

長政はこう諭し、さらに次のように勧めた。

「貴殿から進んで城を貸すと言うのがよい。なぜなら、貴殿は太閤様の旧恩のある人だから、家康様の御疑いをなくすため、わざと城を離れて二心のない証拠を見せれば、家康様も安心して感悦することでしょう」

正則は、「それは気がつかなかった。貴殿の意見はもっともだ」と長政の意見を受け入れた。長政は、これを江戸の家康に注進した（『黒田家譜』）。

黒田家が残した記録なので、この話がどこまで真実かはわからないが、確かに正則は家康に注進状を送り、出馬を要請している。これに対して家康は、細川忠興・黒田長政・藤堂高虎三人宛てに、次の書状（徳川記念財団所蔵史料）を書いた。

「福島正則からの注進状を見ました。いつでも出馬はできるようにしています。人夫や馬なども先に三島まで差し置いているので、安心してください。そちらでは万事油断せず、福島正則と談合してください」

家康にとっての一番の関心事は、福島正則の行動だった。そのため、信頼のおける長政のほか、細川忠興、藤堂高虎らに、正則とよくよく話し合うようにと申し送っているのである。ちなみにこの書状の家康の書きぶりは丁寧であるが、三人の宛名の位置は日付よりも低く置かれている。これはこの時点での家康の地位の高さを示している。五大老筆頭、さらに東軍の大将としての地位を自覚しているのである。

芳春院への約束

八月二十六日、家康は前田家の家老村井長頼に次のような書状を送っている。村井は人質となっている前田利長の母芳春院に付いて江戸に来ていた。

「今度は肥前殿（前田利長）が、加賀国のうちの大聖寺表へ出陣し、御手柄の様子を報告してきました。忠節だと存じます。たいへん満足しています。この上は、北国については、切り取り次第に差し上げます。この由を芳春院殿へよく伝えてください。その方も長々御苦労と存じます。すぐに上方を切り従えて、芳春院殿を御返しします」

この家康の手紙は全文自筆で、しかもかな書きである。芳春院に直接読ませたいと思ったものだろう。芳春院を人質にとったのは、まさしくこの戦いに前田家を自分のもとにつなぎ止めるためだったことがよくわかる。この戦いに勝ちさえすれば、芳春院は加賀に返すつもりだったのである。

こうして家康は、五大老のうち上杉景勝、毛利輝元、宇喜多秀家、また、五奉行をすべて敵に回しながら、前田家を味方に引き入れ、また、七武将を始めとする秀吉恩顧の武将たちも味方につけて、天下分け目の合戦に臨もうとしていた。

このとき、戦いの帰趨はまだわかるはずもなかったが、家康の心底には誰の功績が大きく、誰がそうでないかも見えていたことだろう。
それが戦後の各武将「決算」に大きく関わってくるのである。

第三章　関ヶ原合戦

1　義弘、美濃へ

三成の戦略

石田三成は伏見城落城の二日前の慶長五年（一六〇〇）七月二十九日、伏見に着陣していた。ここで今後の戦いを見据え、七月晦日付けで信州上田城主の真田昌幸に書状を送った（『真田家文書』）。

この書状は、二十七日に佐和山に届いた昌幸からの書状に答えたもので、まず次のように弁解している。

「今度の企ては、かねてお知らせもせず、御腹立ちは尤もなことです。されども、家康が大坂にいるうちは、諸将の心がどうにも推し計れなかったので、何か言うことは遠慮していました」

そして、大坂にいる昌幸の室を大谷吉継が保護していること、三奉行も自分に味方していることを告げ、現状を次のように知らせている。

「細川忠興は、太閤様が御逝去した後、徒党の大将となって国を乱した本人なので、丹後国へ軍勢を遣わし、かの居城を乗っ取り、父親の細川藤孝の城に押し寄せ、二の丸まで打ち破ったところ、命だけは助けてほしいと禁中（天皇）へ頼って詫び言を申したので、一命は差し赦し、丹後は平定しました」

三成がまず細川忠興の丹後宮津城を攻めたのは、自分を襲撃して引退させた張本人だったことが大きな理由になっていた。彼だけは許すことができなかったのである。

細川忠興の父藤孝（幽斎）の居城田辺城は、西軍に与した丹波福知山の小野木公郷（四万石）ら十数名の武将一万五〇〇〇の軍勢に包囲された。田辺城にはわずか五〇〇程の軍勢しかいなかったが、籠城戦を敢行することにした。

戦いは、七月二十日に始まった。落城は時間の問題だったが、後陽成天皇が古今伝授の秘伝（古今和歌集の解釈を、秘伝として師から弟子に伝えたもの）をただ一人継承している幽斎の死を愁え、勅命講和の勅使を田辺城に派遣した（三成はすでに事態が決着したかのように書いているが、実際には時間がかかり、これに応じて幽斎が開城したのは関ヶ原合戦本戦の直前の九月十三日だった)。

次いで三成は、これからの計画を述べる。

「今年の暮れから来春までの間、関東を滅ぼすために軍勢を遣わします。そのため、九州・四国・中国・南海・山陰道の軍勢は、すでに八月中を期限として、まず近江に陣取りし、兵糧米を先々へ差し送る準備をしています」

当初の三成の戦略では、西国の軍勢を集め、この年の暮れから来春までに家康の本拠である関東を攻める、というものだった。そのため、軍勢を近江に着陣させ、その大軍を養うだけの兵糧米の手配をしているのである。秀吉のもとで兵站業務に従事していた三成の面目躍如である。

「前田利長も、公儀に対して毛頭粗略のない覚悟です。しかし、老母を江戸へ遣わしているためまずは家康に粗略のないような態度をとっているだけで、公儀には従うつもりなので、そのことを理解してほしい、と言ってきました」

ここで使われている「公儀」は当然、家康のことではなく秀頼を擁している三成ら西軍のことである。

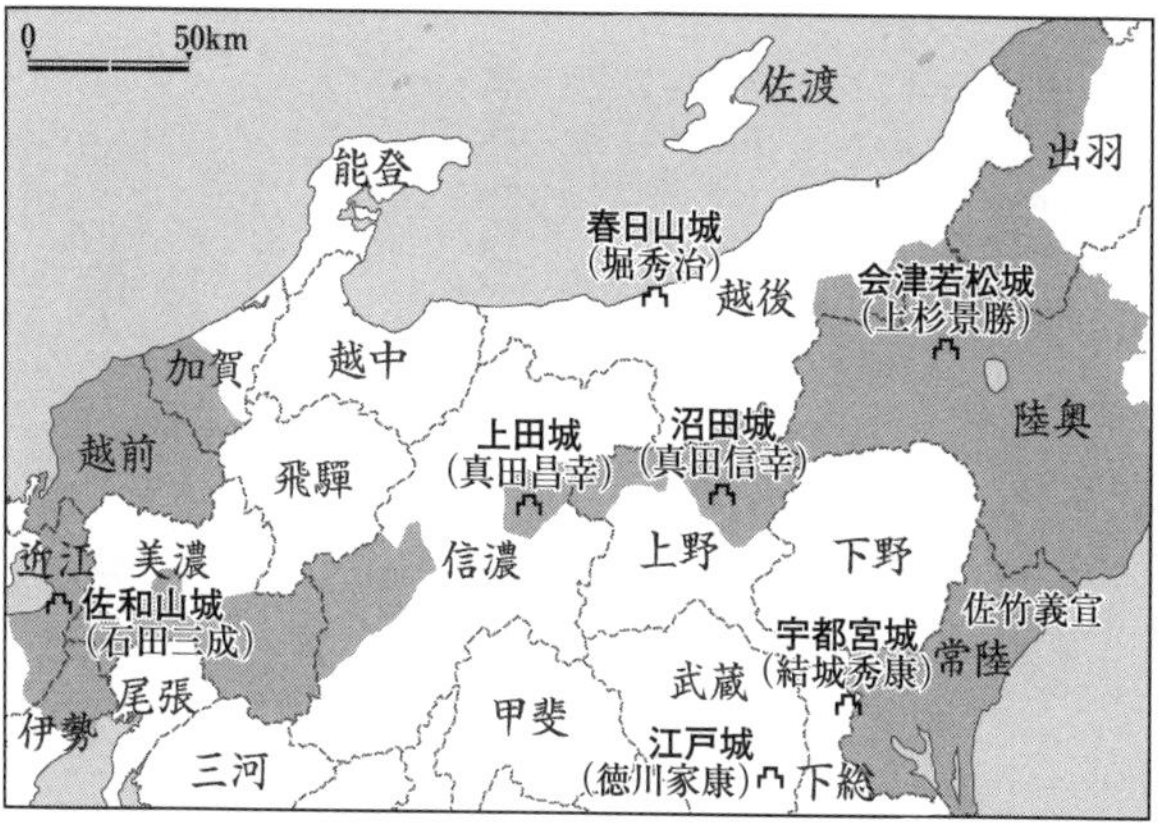

真田昌幸まで書状が届けば、上杉景勝まで連絡が取れる

五大老の一人である前田利長の動静は気になるところだったが、それもおおかたは大丈夫ということを知らせている。

この三成の書状に先立って七月二十九日には、毛利輝元と宇喜多秀家の二大老がそれぞれ上杉景勝と相談し、「関東の儀平均に属すべき事」すなわち家康とその与党を討つことを告げている。同日付けで三奉行も上方の状況を詳細に知らせ、秀頼へ忠節を果たすよう要請している。

この時点で三成は、情勢を上杉景勝にまだ知らせることができていなかったのである。そのため昌幸へ三人の使者を送り、一人は返事を託してこちらに返し、残る二人は景勝への書状を持たせているので、そちらで確かな者を添えて沼田越しに会津まで届けてほしい、と依頼している。家康方の軍勢で占められている北関東を通過して会津までの連絡を取るのはかなり困難だったのである。

しかし、景勝との連絡方法が確立すれば、家康を関東に釘付けとすることもできるだろう。そうなれば上方から大軍を関東に派遣し挟み撃ちにできる、というのが三成の目算だったのである。

島津義弘の焦り

三成は、西国大名への工作も余念なく行っている。国元にいる島津忠恒に宛てた、上方の情勢を伝え出陣を要請する書状を島津義弘に託している。

義弘は義弘で、「関東に下向した大名衆が一人も帰ってこないので、関東の様子はまったく聞こえてこない」と忠恒に知らせ、「先の書状でも述べたように、早く軍勢を上方に送れ」と命じている。上方では会津攻めに出陣した大名たちの動向がまだつかめていないのである。

また義弘は同日、自分の領地帖佐《ちょうさ》(鹿児島県姶良市)の留守居である本田正親と伊勢貞成にも次のような書状を送っている。

「伏見の御城には、内府様の軍勢が籠もっているので講和もならず、戦いの最中だ。しかるに、私には軍勢が少なく、何かにつけ心に任せず、面目を失い果てている。今度忠節を尽くせば、御家の御為にもなるだろうと思っているが、軍勢が少ないため何もできず、残念なことだ。このため、軍勢を早く差し向けるようにと要請しているが、遅れるのではと心配している。このたびは、周辺のことを見合わせず、急いで上るべきだ。些かも油断があってはならない。帖佐の家臣たちは、在京の人数を多く上洛させているので、軍役で差し出すことはとてもできないだろう。先に申したように、心有るべき人は知行高などにかかわらず、好きなように上って来るべき時だ。もし他の軍役などの事情を聞き合わせているうちに、続けて上る者が遅れてはよくない」

義弘の焦りが目に見えるようである。

すでに軍役分の人数は上洛させているので、島津の御家の為を思うならばもう誰でも上方に上って来るように、と指示したのである。

先に述べた島津勢が伏見城攻撃に加わり多大な損害を出したのは、この日の夜のことである。

二大老までが

伏見城が落ちた八月一日には、毛利輝元・宇喜多秀家が二大老連署で島津忠恒に次のような書状を送っている。

「天下の情勢については古暦（石田三成）が告げているので、繰り返しません。今となれば、国中の軍勢を残らず召し連れ、必ず上洛することが肝要です。玉薬（鉄砲の弾や火薬）や兵糧米は公儀から支給するので、人数をできるだけ秀頼様のために差し上げるのは今を措いてほかにはありません」

「古暦」というのは三成が秀吉の死後剃髪して名乗っていた入道名である。

毛利・宇喜多の連署状は、かなり必死になって上洛を勧めているように感じられる。義弘から島津家の事情を聞いていたからだろう。

特に、準備に時間をとられぬよう、また経済的負担も考慮して、玉薬や兵糧米は「公儀」から支給する、と告げているのが注目される。これは「公儀」すなわち秀頼様の戦いだったということである。

大坂城に蓄えられた金銀や玉薬や兵糧米は、この戦いに投入されることになった。西軍方に付いた大名は、弾薬や兵糧を自分で調達する必要はなかったのである。

八月十五日、輝元は七月二十九日付けの島津忠恒からの書状に返事を送っている。この頃、鹿児島と上方の書状は、片道で十五日ほどかかる。

「伏見城攻めは、義弘殿やその他の大名の御手柄で乗り崩し、ことごとく打ち果たしました。この頃は伊勢表に軍勢を出し、所々で大名を味方につけています。おそらく家康が上洛してくるでしょうから、一戦に及ぶ覚悟です。東国では、佐竹・最上が会津（上杉景勝）へ味方したとのことです。そのため家康の上洛も定まらないという風聞もあります。上方は堅固に申し付けているので、御安心ください。貴殿が一刻も早く上洛することを待つばかりです。御油断してはいけません」

二大老連署状は、八月中旬には鹿児島に着いていたはずだから、忠恒が迅速に軍勢を編成して上方へ出陣すればあるいは九月十五日の関ヶ原合戦の本戦に間に合ったかもしれない。だが、おそらくは義父の義久が慎重な姿勢をとったためだろう、忠恒は動かなかった。

三成の美濃進出

義弘の窮状は続く。

伏見城を陥落させた三成は、自らの居城がある近江佐和山を通過し、美濃に進出した。八月十五日、義弘も佐和山に移動し、翌日には美濃国の垂井に陣替えした。義弘は、これを報じた八月十六日付けの書状でもこう嘆いている。

「ほんとうに軍勢がおらず、外聞といい実際といい、たいへん困ったことになっています」

いよいよ決戦の時が迫っているというのに、義弘には率いるべき軍勢があまりいなかったのである。

八月十七日、義弘に従っていた新納旅庵は、国元の知り合いに次のような書状を送っている。旅庵はもと肥後八代の荘厳寺の住職だったが、義弘に見識を認められ、家老として仕えた人物である。

ちょうどよい便があったので、申し下します。

一、今日までは私も生きています。

一、上方の混乱は、何とも言い様のないことです。

一、三右衛門・宗左衛門・助右衛門は、必ず上洛するよう命じてください。

一、このようなこともあるだろうと思い、中間（武士ではない奉公人）に参るよう申し下したのですが、どうしたことか上げていないということです。たいへん心もとないことです。
一、夫丸（荷物運搬用の百姓）をできるだけ上げてください。
一、たとえ私が討ち死にしても、娘が一人いるので、方々から借物のことを申し来るだろうから、年貢の徴収に少しも油断無く調えてください。
一、たとえ今この場で死んだとしても、義弘様の御願いで、たいへん有り難い言葉を掛けられたことは、言い尽くすことができないほどのことです。

決戦を前に上洛すべき家来を指示し、また小荷駄隊を派遣するよう命じている。彼らは非戦闘員だが、兵糧を運搬するため戦いには不可欠の存在である。また、討ち死にを覚悟して事後のことを託しているが、長期の上方滞在で、方々に借物（借金）があったことがわかる。

ともあれ、義弘の軍勢は部下までがこうした手紙を送るほどに頼りない状態だったのである。

島津義弘が出した長文の書状

八月十九日に到って、ついに義弘は忠恒に九ヵ条にも及ぶ長文の書状を送った。

この書状は八月十七日に美濃の垂井に着いた忠恒からの書状への返事である。忠恒が差し出したのは七月二十九日なので薩摩から垂井まで十八日かかったことになる。

その中心部分は第三条である。

「これまで薩摩では、かねて在京の人数は七〇〇〇人の軍役と定めていると聞いていたので、まずはその半分と考え、三五〇〇程、必ず差し上げるように太郎兵衛尉に伝えさせたのだ。どうしてそのように命じたかと言えば、御国元の事情も心遣いしてのことだ」

「九州の大名は過半が在京なさっており、現在、秀頼様の御用に従事している。在国の大名は、みな上方に呼ばれた。その上、薩摩からも御軍勢を馳走（提供）するようにと仰せられたので、その後、以前に三五〇〇人を差し上げるようにと命じたけれども、他国なみのことだから、島津家に見合った軍役を仰せ付けられるのが肝要であると、こまごま命じた。それなのに、今回の書状にはそれについては何も書かず、遠慮しているような文章である。おそらく御心中に変わりはないと思うが、どうしたことなのだ。心もとなく思う」

第四条でも国元が何も決めていないことを非難し、第五条で義弘は自分の心境を吐露する。

「秀頼様への御奉公でもあり、御家の為でもあり、拙者は一命を捨てる覚悟である。そのため、（軍勢が少ないという）恥辱を顧みず、御奉行中の御下知（指示）に従い、美濃の垂井という在所まで出陣した。今、在京の人数は、鹿児島（当主は忠恒）・冨隈（同・義久）・帖佐（同・義弘）の役人がよく知っているだろうから、どこが何人というようなことは書かなかった。伏見城攻めに死傷者が多く、いよいよ軍勢が足りないことは、なかなか言うべき言葉もないほどだ。今言った分だけでも軍勢の派遣を命じ、早く差し向けてほしい。これは、秀頼様への御忠節のため、また御家の御為であり、決心するのは今である。決して拙者への御見次（援助）ということではまったくない」

義弘は、家康との戦いを前にして、すでに自分の命は捨てる覚悟だった。それを前提に、自分は秀頼様への忠節のため、御家のために言っているのであって、自分の命が惜しく、助けてほしいと言っているのではない、と強く抗議しているのである。

第七条には、家康と彼に従う大名の動静が書かれている。

「内府（家康）の御供をして東国に下向した上方の大名、部将である井伊直政・榊原康政らが東国の軍勢を引き連れ、尾張の清洲まで到着したと聞いたので、きっと近々一戦に及ぶだろう。その時は、再び書状を送れるかどうかわからないので、胸の内を残さず言っておく」

すでに戦いは、迫っていた。義弘は、最悪の場合、一〇〇〇人足らずの現有の軍勢だけで戦おうとしているのである。

家康を「内府」と呼び捨てにして、対決姿勢を明らかにしているのが印象的である。

晴れがましい出陣なのに

義弘直轄の領地帖佐で留守居をしていた本田正親に宛てた八月二十日の書状は、「帖佐の軍勢を、分限・不分限を言わず（財産のあるなしでなく）、心有るべき者が上って来るのはまさにこの時だ」と要請したものである。感銘を受けるのは、次の一文である。

「本当に軍勢が少ないままで晴れがましい出陣をすること、手前の迷惑さ（私の困惑）は誰も推量できないことでしょう」

義弘にとって、主君豊臣秀頼への忠節のために出陣するのは「晴れがましい」ことだった。それが軍勢がおらず、他へ対して恥ずかしい思いでいっぱいで、その困惑は誰も想像できないほどのものだと言っているのである。公儀や三成から兵を出せと言われて出すのでは義を重んずる武将としては面目が立たない。義弘にとって軍勢が少ないことは、九州の大大名である島津氏の恥だと感じていたのである。

この書状の尚々書《なおなおがき》（追って書きのこと）には、他の大名の動静が書かれている。

「（土佐の）長宗我部殿（盛親）は、人数二〇〇〇の軍役だが、秀頼様への御馳走（心からの気持ち）のため五〇〇〇人を率いていて、近日伊勢に着陣するということだ。立花殿（宗茂）は、一三〇〇人の軍役だが、これも御馳走のため四〇〇〇を率い、今日、こちらに到着した。他の国はこのような様子なのに、薩摩の軍勢はわずか一〇〇〇人に足りないほどで、これからの戦いを遂行することは、何度申しても面目なき次第で、筆紙に載せがたいことだ」

九州・四国の大名は留守居なので本来は一〇〇石に一人役、二〇万石ほどの長宗我部は二〇〇〇人、一三万石ほどの立花は一三〇〇人出せばよい。それがそれぞれ五〇〇〇人、四〇〇〇人という全力動員に近い軍勢を率いてきたのである。

そう考えれば、無役分を除いて五〇万石ほどの島津は、本来、五〇〇〇人はいなければならない計算だった。それが一〇〇〇人弱なのである。

ちなみに三成が真田昌幸に送った「備口人数」(『真田家文書』)の数字を見ると、長宗我部盛親二一〇〇人、立花宗茂三九〇〇人だから、三成の数字は実際の人数と軍役に基づいた人数が混在しているとは言え、義弘が把握していたのはかなり正確な数字であることがわかる。

上方にいてこの戦が「天下分け目の決戦」となることがわかっていた島津義弘は、その場にありながら兵数が少なく、存在感を示せぬことが、戦後の島津家の処遇にも大きく関わってくることが実感されていたのだろう。もどかしい思いで国元に書状を送り続けるよりなかったのである。

2　岐阜城陥落と家康の出馬

岐阜城陥落

八月十四日には福島正則の居城である尾張清洲城に集結した正則らの東軍諸武将は、五万余の軍勢で西軍との最前線である美濃の岐阜城に対峙することとなった。

岐阜城は織田信長の嫡孫秀信（三法師、一三万石）の居城である。秀信は豊臣秀吉の庇護のもとで成長し、祖父信長の住んだ岐阜城主となっており、この時、二十一歳の若い武将であった。

秀信は当初、家康に従って関東に出陣しようとしていた。しかし、名家であるだけにそれなりの行装を調えようとしているうちに出陣が遅れてしまった。そこに挙兵した三成から味方を呼びかける要請があったためそれに応じて西軍に味方することになったという経緯があった。当初、家康が「公儀」であったが、その後、三成方が「公儀」となり、美濃にまで進出してきていたのであるから、それも無理のないところだろう。

そんな成り行きでありながら、秀信の領地は西上してくる東軍方に対して最前線となってしまった。意気盛んな福島正則や池田輝政が先を争って木曽川を渡河し、城に攻め掛かってきた。とても東軍の大軍を支えられるものではない。八月二十三日には本丸にまで攻め込まれ、やむなく降伏した。

三成は、何を措いても岐阜までは進出し、秀信を守る必要があった。その意味では、無駄に戦線を越前にまで拡大し、東軍との対決に出遅れたと言えよう。果たして岐阜城陥落が、戦いの転機となった。

それまで家康は江戸を動かなかった。『徳川家康』で笠谷和比古氏が指摘するように、動かなかったというより動けなかったのだろう。東軍の先鋒である福島正則らの真意が測れなかったからだ。もし家康が出馬して清洲に行き、もともとは豊臣大名である彼らが志を変えて家康に向かってくるようなことがあれば、万事休すである。

このため東軍は清洲で足止め状態となり、その間に西軍は上方周辺の敵対勢力を攻撃し、体制を固めていたのだが、岐阜城陥落により一気に東軍が攻勢に出ることになった。

家康は、岐阜城陥落の知らせを受けるやすぐに出陣を決定した。九月一日、家康は福島正則・黒田長政らにみだりに軍勢を動かさないよう申し送り、三万の軍勢を率い、江戸城を発って西に急いだ。

このとき東軍の最前線は岐阜城、西軍は大垣城にあった。そのさらに西に横たわる盆地こそが関ヶ原である。当時は「青野原」とも呼ばれている。

家康が率いた軍勢は

家康の領地は、伊豆・相模・武蔵・上総・下総・上野の六カ国、領地の合計石高は二四二万石余、近江などに与えられた在京賄料と合わせて二五〇万石である。

ここから大名クラスの家臣領地が九四万九〇〇〇石、直属家臣知行地が二万四四七六石、寺社領一万五四四七石を差し引いた残りの一五一万石余が蔵入地（直轄地）である。半分以上が蔵入地だから、家康の経済基盤は盤石であり、島津氏に金二〇〇枚（七億円）を貸しても何と言うこともない出費だったろう。

二四二万石の軍役は、一〇〇石につき五人で単純計算すると、一二万一〇〇〇人である。武器弾薬や兵糧の準備に問題はないが、蔵入地が多いから動員できる軍勢はどうしても少なくなる。

家康が江戸を発った時の軍勢は三万人だった。本隊の構成は、先鋒に大番頭が率いる大番組が四部隊、八組の鉄砲隊、渡辺半蔵守綱指揮する持筒組、御馬前に高禄の旗本、家康を守る旗本備、そして大名クラスの者で構成される後備えである。

戦いとなると、大番組と八組の鉄砲隊が前線に出て戦い、それ以下は家康を守る部隊である。笠谷氏は「防禦的な軍勢」と言うが、必ずしもそうではない。本来は、大名クラスの譜代重臣が先鋒の役目を果たすわけで、関ヶ原合戦の時は家康の四男松平忠吉（武蔵忍城主一〇万石）と井伊直政（上野箕輪城主一二万石）がその任務にあたった。

もっとも家康は東軍の主将だから、大番組や鉄砲隊を使わずとも味方する東軍諸将が十分に先鋒の役目を果たすことになるはずである。

一方、八月二十四日、秀忠は、宇都宮を発して中山道を進んだ。秀忠の任務は、信州上田城の真田昌幸など西軍に心を寄せる大名を制圧しながら上方に向かうことだった。

秀忠は三万八〇〇〇人の軍勢を率いていた。徳川家譜代の部将である榊原康政（館林城主一〇万石）・大久保忠隣（小田原城主六万五〇〇〇石）・本多忠政（忠勝の子、大多喜城主一〇万石）らがその中核で三万人、そのほか武蔵・上野・下野・常陸・信濃の大名が秀忠の指揮下にあった。

江戸を出陣した九月一日、家康は秀忠にも急ぎ西上するよう使者を出したが、大雨による増水のため使者がなかなか進めず、九月九日にようやく秀忠のもとに着いた。秀忠は美濃に向けて先を急いだ。

西軍の伊勢進出

この頃の西軍の情勢は次のようであった。

島津義弘は石田三成率いる本隊に付いて美濃に進出していたが、東海道が通る伊勢国（三重県）では、家康に従って東下していた富田信高の安濃津城（現在の津市）、古田重勝の松坂城、分部光嘉の上野城があった。

そこへ毛利秀元・吉川広家・安国寺恵瓊らの毛利勢を中心に、五奉行の一人で近江水口城主の長束正家が豊臣家の部隊とともに進出していった。上洛してきた長宗我部盛親（二二万石）、鍋島勝茂（三一万石）に、九鬼嘉隆（三万五〇〇〇石）の水軍も加わり、三万余の大軍となった。

富田信高らは七月二十五日の小山の軍議の後、急ぎ居城に戻っていた。そこに西軍の大軍が押し寄せてきた。分部光嘉は、上野城ではとても支えきれないと感じ、富田の安濃津城に入った。

戦いは八月二十四日に始まり、信高率いる城兵一七〇〇余は奮戦したが、翌二十五日には高野山の僧木食応其の仲介で開城した。信高は剃髪して高野山に入った。

安濃津城を開城させた毛利勢や長束正家、長宗我部盛親らは、さらに南伊勢の松坂城を取り囲んだ。城主古田重勝は戦わずして降伏を申し出たため、美濃に進出して三成率いる本隊と連携を図った。関ヶ原本戦の前には、毛利勢が南宮山に、長束・長宗我部がそれに隣接する栗原山にそれぞれ陣を敷いて東軍に備えた。

鍋島勝茂の右往左往

こうした中で佐賀城主の鍋島勝茂は右往左往していた。

勝茂はまだ二十歳と若い武将で、国元にいる父の直茂からは家康に味方するように伝えられていた。しかし、家康の会津攻めに際して、大坂にいた勝茂は黒田長政から「自分と同道して早速出陣するように」との使者があったにもかかわらず、宿老たちが「当家の家臣は武具等を京都に送って修理しているので、行列が見苦しいでしょう」などと意見したため出陣が遅れた。宿老たちが西軍につこうとしていたための進言だったかはわからない。ようやく会津に出陣するつもりで近江に進むと、石田三成の兄正澄が愛知川に関所を設けていて東下を許さないという。そのため、近江の八日市付近に滞留した。

そこに「公儀」となった三奉行から大坂に戻れとの指示があり、やむなく大坂に戻った。そして西軍に属して伏見城攻めに参加し、大手の攻口を担当した。勝茂の軍勢は四五〇〇であり、この戦いで首級一〇〇を上げる活躍をした。

その後、前述したように吉川広家・長宗我部盛親らと安濃津城攻めに参加、二の丸に乗り込む活躍を見せている。

安濃津城が開城した後、勝茂は三奉行から古田重勝の松坂城を攻めるよう命じられ、城を取り巻いたが古田は戦わずして降伏した。

そこで岐阜城陥落の報を聞いた毛利勢らは関ヶ原に向かったのだが、勝茂は北伊勢の野代というところに陣を据え、福島正則の弟正頼の守る長島城と対峙する形を取って関ヶ原には向かわなかった。本心では家康に通じていたからである。しかし、井伊直政に使者を送ったりもしたのだが、疑われたのか、対面することもできなかった。

九月十四日には大垣城の宇喜多秀家・石田三成から「すぐに関ヶ原に進出し、先陣を勤めよ」との命令が来たが、勝茂はこう言い訳した。

「拙者は長島城と対峙しております。宇喜多殿らの仰せに任せ、関ヶ原に向かえば、それに乗じて長島城の者たちが必ず打ち出しますので、誰かこの口の押さえを命じていただきたい」

幸い、それは尤もであるとして、重ねて関ヶ原への出陣を催促されることはなかったが、このように形の上では一方につきながら、本心は別、という武将もいたのである。

大津城攻防戦

西軍の大谷吉継は、脇坂安治・朽木元綱・小川祐忠・赤座直保らを率いて越前北ノ庄に進出し、加賀の前田利長の軍勢と対峙していた。岐阜城陥落を知った三成は、北陸方面に展開していた大谷吉継らの西軍諸将を美濃に呼び寄せた。

この部隊の中にあって殿《しんがり》で陣を撤収した近江大津城主の京極高次は近江に引き返し、九月四日には大津城に入城した。高次はもともと家康と通じており、東軍に応じるのは今だと思ったのだろう。

石田三成ら本隊が美濃に進出している西軍にとって、近江は背後にあたる。出現した敵をそのままにしておけば不都合である。

そこで九月十二日、西軍は毛利元康（毛利元就七男）・小早川秀包（毛利元就八男、筑後久留米城主）・立花宗茂・筑紫広門（足利直冬の末裔、筑後山下城主）・宗義智（小西行長の女婿、対馬島主）ら一万五〇〇〇の兵で大津城攻撃を開始した。

西軍は大坂城から持ち出した大筒で城を攻撃し、天守閣などに甚大な被害を与えた。そして十四日には木食応其を城内に遣わし、開城を求めた。高次はやむなくこれに応じ、十五日朝、三井寺で剃髪し、高野山に入った。

わずか三日間の戦いだったが、高次が開城したのは関ヶ原合戦の当日である。小早川秀包や立花宗茂という西軍きっての武将を関ヶ原合戦に参加させず、一万五〇〇〇もの兵を引きつけたという東軍への貢献は計り知れない。結果論かもしれないが、西軍は大津城を五〇〇〇ほどの兵で包囲して封じ込めておき、小早川秀包や立花宗茂の主力一万ほどを関ヶ原に急行させるべきだっただろう。

このように美濃に石田三成の率いる本隊三万六〇〇〇、伊勢に毛利勢三万余、越前から近江に一万五〇〇〇というのが岐阜城陥落前後の西軍の状況であった。大坂城には毛利輝元以下三万がいた。

対する東軍は岐阜城を落とした清洲城の五万余に加え、西上する家康の三万余、秀忠の三万八〇〇〇がいた。

三成の信頼

九月十二日、三成は、大坂城の留守を守る増田長盛に、次のような書状を送った(『古今消息集』)。

「毛利輝元が出馬しないのは、拙者などはもっともなことと存じています。家康が上ってこなければ確かに不要でしょうが諸将は不審に思っています」

三成は、総大将の輝元の出馬は家康がこちらに到着してから、と考えていた。しかし、西軍諸将が大坂城から出ようとしない輝元を不審に思っていたのも事実である。三成も、本心では輝元の出馬を望んでいたのではないだろうか。

そして三成は、現在の心境について次のように述懐している。

「度々申し入れているように、金銀米銭を使うのはこの時です。拙者も手の内にあるだけ、この間に出しました。人を召し抱えたりもしたので、今は逼迫しています。すべてはこの節に決まるので、そちらもその心得でいてください」

こうした大きな戦いを行おうとすると、たいへんなお金がかかることがよくわかる言葉である。

三成は秀吉のもとで蓄えた自分の財産をすべて投げだし、この一戦に賭けていた。このような叱咤激励を行うのも、自分のような決意が長盛にはないように感じられたのだろう。後に東軍が三成の佐和山城を落とした時、金目のものがほとんどないことに驚いたというが、三成の言う通りすべて使っていたのだろう。

さらに、西軍に加わっている武将について、次のように論評している。

「備前中納言（宇喜多秀家）殿の今度の覚悟は、さすがのもので御手柄は言うこともできないほどです。これは、さまざまな人から聞いているでしょうから、言うに及ばないことです。一命を捨てて頑張っているようです。そのご見識は心に留めておいてください。島津義弘殿と小西行長殿も同様です」

三成が信頼できるのは、盟友・大谷吉継を除けば、宇喜多・義弘・小西だけだったということがよくわかる。輝元の出馬を仰がねば、東軍の大軍と対峙するには何と言っても軍勢不足だった。

島津勢の集結

島津家の軍制は、他の大名とは違って特殊な形態をとっている。

当時は忠恒が鹿児島城におり、義久が冨隈、義弘が帖佐にいた。忠恒は「鹿児島衆」、義久は「冨隈衆」、義弘は「帖佐衆」を直属軍団とするわけだが、そのほかに一〇〇ほどの外城があり、それぞれ有力家臣の領地（「私領主」という）だったり、武功の家臣が「地頭」として統率する体制になっていた。そのため、軍団の行動も外城単位になるのである。

伏見城落城後、まず上方に上ってきたのは、庄内の乱後に都城を回復していた北郷《ほんごう》氏である。一族の北郷忠泰を始めとする数百名の部隊が到着し、義弘に合流した。北郷氏は都城三万石ほどを領する私領主だから動員力があり、義弘の呼びかけにすぐに応えたものであろう。これは義弘にはありがたかった。

そして関ヶ原合戦の直前の九月十三日昼前、義弘の重臣長寿院盛淳・山田有栄が、帖佐のほか浜之市・福山・蒲生の三外城の軍勢を連れて大垣城に到着した（『新納忠元勲功記』）。これら外城の軍勢（「衆中」と呼ばれる）は、「浜之市衆」などと呼ばれ、それぞれがひとつの軍団を形成する。外城の衆中は、江戸時代になっても外城の小城下町に住み、郷士と呼ばれるようになる。

長寿院とともに来た井上主膳という者は、七〇人で八月三日に帖佐の川口より出船したが、一度は難風に遭い、船を戻してもう一度支度して、五日に再び出船。警備のための番船なども出ており、様変わりした瀬戸内海を夜も船を進めるほどたいへん急いだのだが水主などは精根尽き、夜中に飯を二度ずつ与えたという。

美濃路まで辿り着いた頃には携行した兵糧も尽きていたので、駒野で野陣した時、夜に紛れていもを盗み取ったりもしていたが、ようやく先発していた伊勢平左衛門の軍勢と出会った。平左衛門は平左衛門で長寿院に追いつこうとしていた。島津勢はこうした形で、ばらばらと大垣城を目指したのである。

中馬大蔵という者は、義弘が軍勢不足で困っているとの知らせを受けてすぐに港（米之津）へ急行した。しかし、もはや出船していたのでやむをえず九州路を昼夜兼行で進み、関ヶ原合戦の直前の十四日に大垣城に到着した。

あるいは帖佐衆の長野勘左衛門は、義弘の家臣川上四郎兵衛・川上左京らが俄に上洛したことを知り、借金をして具足や鎗を召し寄せ、八月十五日に阿久根を出船、主従自力で上洛した。

長寿院が着いたという知らせを聞いた義弘は、陣の外に飛び出してきて、「一番に駆けつけるのはその方だと思っていた」と声を掛け、手をとって喜んだ。三成も喜び、軍配・団扇を贈った。しかし、忠恒が率いてくるはずの島津正規軍は来なかった。義弘の軍勢はそれほど増えてはいない。

十三日の晩、薪が少しもないので中間《ちゅうげん》に取りに行かせたところ、周辺にはまったくないとのことだった。大軍が駐屯していたため周辺の木がすでに切り取られてしまっていたのだろう。また、陣中にはすでに兵糧もなく、夜中に田の稲を刈り取ってくる始末で、これは侍たちが手ずから刈って帰ってきたという。十四日の晩まではこのようにして兵糧を調達したが、十三日から雨が降ってきて、十四日の夜は大雨で寒かったため稲に火をつけ暖をとったという（『新納忠元勲功記』）。公儀のための戦いであるはずなのに、島津勢はそんな窮乏の中にあった。

さて、いよいよ関ヶ原合戦の開戦の時は近づいている。まずはその前哨戦となった戦いを見てゆこう。

杭瀬川の戦い

九月十一日に清洲に到着した徳川家康は一日休息し、十三日に岐阜城に入った。翌十四日早朝には家康は岐阜を発つと、杭瀬川《くいせがわ》を渡って正午には美濃の赤坂という地に本陣を構えた。赤坂は、西軍の籠もる大垣城とは杭瀬川を挟んで対峙する地である。

大垣城の西軍は、家康の到着を知り、動揺した。石田三成の部将島左近などは、「家康は上杉景勝によって関東に釘付けにされているはず」と信じようとしなかったという。家康の迅速な出馬は、西軍の想定外の事態だったのである。

三成は自軍の士気を鼓舞するため、島左近に五〇〇の兵を預けて杭瀬川を渡らせ、中村一栄・有馬豊氏らの東軍を挑発した。

中村一栄は配下の野一色頼母、有馬豊氏は藪内匠の部隊を出して迎撃した。左近は敵が近づくとすぐ退却する。つられて野一色隊・藪内匠隊が杭瀬川を渡って追撃すると、そこには宇喜多秀家の明石掃部隊八〇〇が待ち伏せており、一斉に銃撃を加えた。このため、追撃軍は甚大な損害を出した。岡山という小高い丘に設けた本営からこれを見ていた家康は、撤退を命じるホラ貝を吹かせ、味方の軍勢を撤収させた。

この戦いで東軍は、野一色頼母ほか三十余名もの名のある武士が討ち死にしている。緒戦は西軍の勝利である。

島左近と明石掃部は、三成・秀家がいる大垣城の櫓に報告に行った。秀家は、家康が着陣したというのは本当かと尋ねた。二人は、答えた。

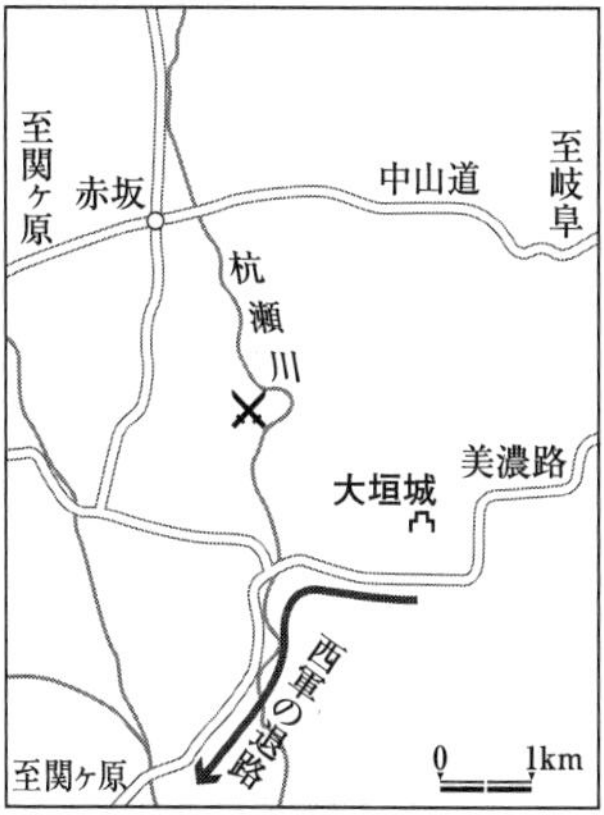

杭瀬川の戦い 地形図

「忍びの者を遣わして敵陣の様子を探らせたところ、家康が昨日昼時に着陣したのに間違いありません。家康の陣は幕も張っておらず、一夜陣の様子です。考えるに、この表の一戦は明日起こるかもしれません。しかるに、南宮山に陣している毛利秀元殿、松尾山においでになる小早川秀秋殿はどちらも御若年ですのに、皆様がこの城に居られては関ヶ原表の一戦がどうなるかわかりません。もし、この城に家康が押さえの軍勢を差し向ければ、関ヶ原にすぐ出馬することもできません」

この時点で、東軍と西軍の大軍同士が鎗を交えるとすれば、もはや関ヶ原以外に考えられなかった。岐阜から京を目指すなら大垣を過ぎて近江に抜けねばならないが、関ヶ原はその交通の要衝である。南宮山、松尾山に囲まれた盆地であるが、家康はその目前まで進軍してきており、西軍も、大垣城に籠もっていては置き去りにされてしまう。

秀家と三成は一理あると思い、櫓から降りて本丸に行き、城中の諸将を招き、評定を行った。議論は、関ヶ原で待ち受けるのがよいと決まった。関ヶ原に行く軍勢は、松明などは灯さず、北に布陣する家康の反対、南に回り込んで栗原山の長宗我部勢の明かりを頼りに関ヶ原に入ることにした。

義弘は甥の豊久を三成に遣わし、次のように提案した。

「関ヶ原に引くのはよくありません。今宵、家康の旗本の陣へ夜討ちをかけるのがいいでしょう。同心していただければ、私が先手を引き受けます。秀家殿か貴殿かが関ヶ原に行き、かの地の軍勢を率いて家康の軍勢の先手へ攻め掛かれば切り崩すことができるでしょう」

経験豊富な義弘は、戦いの仕方をよく知っていた。三成は判断しかねて当惑の体だった。島左近が代わりに答えた。

「義弘殿の頼もしい御考えですが、昔から夜討ちというのは、小勢が大軍へ仕掛けて勝利を得るものです。大軍が小勢の方へ仕掛ける例は知りません。明日も平場の一戦ですから、味方の大勝利は間違いありません」

しかし、この場に集まる西軍は、大軍とは言いがたい。豊久はなお食い下がったが、左近の考えを変えることはできず、豊久は「まったく合点がいきません」と言い捨て、苦笑いしながら帰っていった。

もっともこの話は、後に成立した『落穂集』に載せられているもので、真偽のほどは明らかでない。しかし百戦錬磨の義弘であれば、そういう計略を思いついたとしても不思議ではないように思う。

西軍、関ヶ原へ

九月十四日夜、石田三成は福原長堯ら七五〇〇ばかりを大垣城に残し、石田、島津、小西、宇喜多の順に大雨の中を密かに行軍した。軍勢は、以下の通りである。

石田三成　六七〇〇人
島津義弘　一二〇〇人*
小西行長　二九〇〇人
宇喜多秀家　一万八〇〇〇人
総勢　二万八八〇〇人

*『中馬大蔵丞由来書出』による。


関ヶ原には、すでに松尾山の古城に小早川秀秋が八〇〇〇ほどで陣しており、これを加えると三万六八〇〇になる。しかし、秀秋については、当初から家康への内通が噂され、三成も警戒していた。

すでに北陸から戻って関ヶ原に布陣していた大谷吉継は、九月十四日深夜、密かに秀秋の陣所に行き、内通の噂の真偽を問い糺し、秀吉の恩を諭した。周囲の者は、内通など根拠のないことだと弁解した。

しかし、なお信用がおけないので、吉継は小早川の背後ににらみを効かせるように陣を敷いた。

大谷勢本隊は一五〇〇（「備口人数」では一二〇〇）とそれほど多くなく、そのため脇坂安治九九〇（「備口人数」では一二〇〇）、朽木元綱六〇〇、小川祐忠二一〇〇、赤座直保六〇〇と他の諸将の部隊も指揮していた。総計すると、吉継を入れて六〇〇〇ほどの布陣だった。これを小早川警戒のため、松尾山の麓の平地に置いたのである。

九月十五日未明、石田勢は関ヶ原北方の笹尾山に、島津勢はその南の小池村に、小西勢はその隣、宇喜多勢は関ヶ原正面の天満山の前に布陣を終えたとされる。しかし、大垣城から夜を徹して関ヶ原に迂回した三成たちには時間の余裕がなく、しかも東軍に比べて兵数も少なかったから、もっと密集した陣形をとったともされている（白峰旬『新視点関ヶ原合戦』）。確かにそうかもしれない。

島津家臣神戸五兵衛の回想によると、島津義弘の本隊の前に宇喜多秀家がおり、東には石田三成が布陣したという。小西行長は秀家と三成の間にいただろう。

島津勢は、石田勢や宇喜多勢の後に布陣する「二番備」だった（『神戸五兵衛覚書』）。島津豊久が先鋒に配置され、山田有栄が右備を務めた。あまり言及されることがないが、島津隊の近くに因幡鹿野城主の亀井茲矩がいた。

いずれにせよ、三成は宇喜多、小西、島津という最も信頼する武将たちで前後左右を固め、決戦に臨んだことになる。

南宮山の西軍部隊

家康の背後にあたる南宮山の中腹には、毛利家の軍勢のうち一万ほどを率いた毛利秀元・吉川広家・福原広俊らの軍勢が、伊勢から鈴鹿峠を越えて進出し、陣を敷いていた(石田三成書状『真田家文書』)。その南東の栗原山の麓には、長宗我部盛親の五〇〇〇、長束正家一〇〇〇、安国寺恵瓊五〇〇〇が布陣していた。

もともと家康は、福島正則・池田輝政らを大垣城の押さえに差し向け、自身は三万の軍勢を率いて南宮山の毛利勢を討ち果たすつもりでいた(片倉景綱宛て伊達政宗書状)。その家康が岡山の陣所から南宮山に向かって来る気色を見せたことで毛利家一門の吉川広家は動揺し、使者を黒田長政に送って家康に味方することを打診した。すると九月十四日、井伊直政・本多忠勝が、「毛利輝元に対して家康はいささかも粗略にはしない。吉川広家と福原広俊が家康に対して忠節をおこなうのであれば、以後家康は両人を手厚く遇する」という連署の起請文を提出した。

白峰旬氏は、「実際のところ、広家が行ったのは南宮山の毛利勢への攻撃中止を求める工作に過ぎない。端的に言えば、家康直属の徳川本隊の攻撃を恐れて家康に『命乞い』をしたのであり、とても対等な立場で交渉したと言えるものではなかった」と指摘している（『関ヶ原合戦の真実』）。確かに、実態としてはそのようなものだったかもしれない。一枚岩でない西軍の動揺が早くも現れ始めていた。

東軍、関ヶ原へ

ただし、家康には、大きな弱点があった。徳川勢の主力を率いた息子秀忠の軍勢がまだ到着していなかったことである。中山道を西上した秀忠は、信州上田城の真田昌幸を攻めあぐねて時間を浪費し、家康が急いで上方に向かうよう知らせた使者の到着が遅れたことから、進軍が大幅に遅れていた。

普通の武将であれば、主力の到着を待って時を浪費しただろう。しかし家康は、秀忠の軍勢を待たなかった。いたずらに時を過ごすと西軍の体制は整っていく。最悪の場合は、毛利輝元が秀頼を戴き、大坂城から大軍を率いて関ヶ原に出現するかもしれない。三成の輝元評からみて、現実にはありえなかったかもしれないが、家康としては想定し

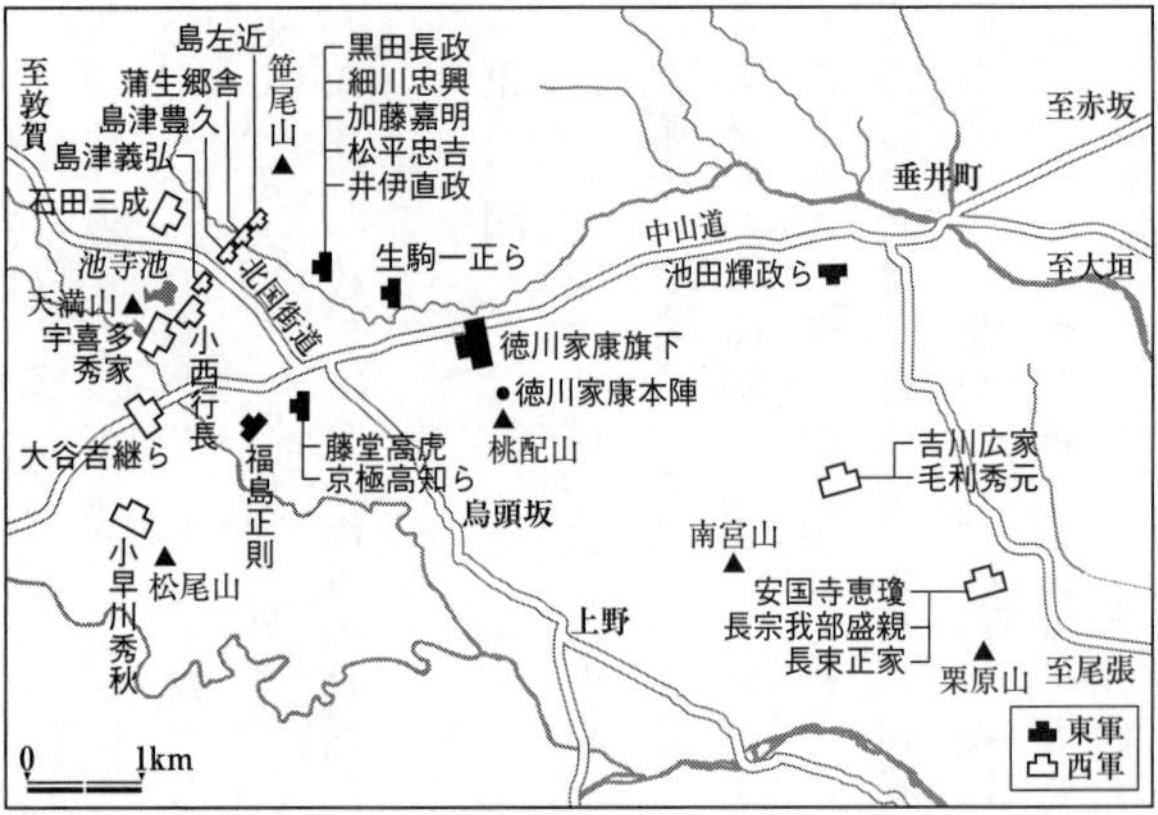

関ヶ原の布陣図

ておかなければならない事態であり、そうなれば東軍方は大混乱する可能性があった。

三成が大垣城を離れたことを知った家康は、やはり深夜に行動を開始し、吉川広家らの軍勢を横目に南宮山の麓の道を通り、夜明け頃には先鋒の福島正則勢が関ヶ原に到った。こんな行動がとれたのも、吉川広家が動かないことを確約したからである。

家康は、関ヶ原の入口に位置する桃配山まで進み、ここを本陣と定めた。東軍の主な軍勢は、次の通りである（参謀本部編『日本戦史　関原役補伝』）。

徳川家康　三万人
黒田長政　五四〇〇人

細川忠興	五〇〇〇人
加藤嘉明	三〇〇〇人
筒井定次	二八五〇人
松平忠吉	三〇〇〇人
田中吉政	三〇〇〇人
井伊直政	三六〇〇人
藤堂高虎	二四九〇人
京極高知	三〇〇〇人
寺沢広高	二四〇〇人
福島正則	六〇〇〇人
金森長近	一一四〇人
総勢	七万八八〇人

いまや背後に位置する南宮山の毛利秀元らへの備えとしては、以下の者が配置された。

池田輝政　　四五六〇人
浅野幸長　　六五一〇人
山内一豊　　二〇五八人
有馬豊氏　　九〇〇人

先に述べたように石田三成、宇喜多秀家、小西行長、島津義弘の軍勢は二万八八〇〇。小早川秀秋、大谷吉継を加えて四万ほど。南宮山の毛利勢一万と栗原山の長宗我部盛親、長束正家、安国寺恵瓊の六五〇〇は主戦場からは距離がある。東軍七万、西軍一〇万などと呼び習わされる「関ヶ原の戦い」であるが、本戦当日の布陣はこのようなものだった。関ヶ原に雪崩れ込んでくる七万以上の東軍を相手にするには明らかに西軍が劣勢である。ここでは本来、三成が西軍の大将なのだから、三成の備えの前方に軍勢一万ほどを配置したいところだっただろう。

重ねて言うが、大津城攻めの毛利元康・小早川秀包・立花宗茂ら一万五〇〇〇ほどの戦意旺盛な将兵が来ていたら、彼らがその役割を果たし、西軍は小早川秀秋の軍勢が動かなくても互角以上の戦いができただろう。結果論ではあるが、家康の迅速な決断が一日違いでそれを阻止したのである。

3　関ヶ原合戦

開戦

九月十五日午前七時過ぎ、家康の四男松平忠吉と彼を補佐する井伊直政が、東軍の先鋒を約束されていた福島正則の脇を通り過ぎ、抜け駆けして宇喜多勢に攻め懸けたのを契機に戦端が開かれた。

松平忠吉の抜け駆けの直後、福島正則勢が即座に宇喜多勢に鉄砲を放ちかけ、宇喜多勢も応戦した。これは一万二六〇〇と一万八〇〇〇の正面からの激突である。

藤堂高虎・京極高知ら五千数百は大谷吉継の陣所を攻撃、寺沢広高もこれに合流した。ついで松平忠吉・井伊直政ら六千数百は、小西行長勢二九〇〇と交戦した。

黒田長政・細川忠興・加藤嘉明・田中吉政・金森長近らの諸勢一万七〇〇〇は、石田三成勢六七〇〇に先を争って攻撃を仕掛けた。

三成の一番備の大将は島左近で、「武功の達者」なので入り乱れて戦い、勝利を得ると見えたともいう（『帖佐彦左衛門宗辰覚書』）。左近が負傷して退いた後、三成は大坂城から持ち出した大砲で相手を攻撃して、押し戻した。

大谷吉継は、藤堂・京極らの諸勢を防いで奮戦していた。

宇喜多秀家は、福島勢に猛烈な反撃を行い、福島勢は退却を始めた。しかし正則は兵を叱咤し、前の位置まで押し返した。

この混戦の中、三成は天満山に狼煙《のろし》を上げ、東軍の背後に位置する松尾山の小早川秀秋や南宮山の毛利秀元・吉川広家に進撃の合図をした。数で劣っていたとはいえ、ここで彼らが動けば西軍の大勝利に終わった戦いだった。

吉川広家の空弁当

しかし前述の通り、毛利隊の先鋒である吉川広家・福原広俊の部隊は、家康との密約があるから動かなかった。

長束正家と安国寺恵瓊は、開戦を窺わせる銃声を聞くと、毛利勢に出陣を要請した。吉川・福原両隊の後方の本陣にいた毛利秀元も、しきりに広家に攻撃を要請した。しかし広家が動かないので、長束らに広家へ指示するよう依頼したが、長束らもすでに攻撃を要請していたのであって、いかんともしがたかった。

伝えられるところでは、出陣要請を断る理由のなくなった広家は、弁当を食べていると言い訳したという。戦場に弁当を携行していることが窺われる話ではあるが、戦いの最中にふざけた言い訳だった。

家康は吉川らと密約を交わしてはいたものの、南宮山の動静をずいぶん気にかけていた。毛利勢が動けば、袋のネズミになるからである。家康から不安を告げられた本多忠勝は、「もし彼らが裏切るつもりなら、山を降りて来るはずですが、依然として山上にあるのは内応が嘘ではない証拠です。また、浅野や池田の軍勢を備えとしているので、心配するには及びません」と答えている。

そこで家康は、現在の関ヶ原駅東口付近まで進み、状況を観察し、諸隊に使者を送って指揮した。

しかし、戦況は正午頃になっても容易に決しなかった。

三成から島津勢への要請

戦いの開始時間は、島津氏家臣の覚書でも「未明」「夜明け」「日の出以降」「辰巳の間（午前八時〜十時頃）」「巳の刻頃（午前十時頃）」とまちまちである。

早朝には島津氏家臣の入来院重時と長寿院盛淳が物見（偵察）に出ているが、その時には敵方から多くの鉄砲が放たれている。すでに早朝には一触即発の状況だったようだ。持ち場によって、なかなか開戦に気づかなかったということもあるだろう。最初、義弘は鎧も着けていなかったという。

島津豊久の備えに、隣の陣の亀井茲矩から鉄砲衆の加勢要請があったという。豊久は城井三郎兵衛・前原孫左衛門ら福山衆を遣わしたが、突如茲矩は裏切った。彼らに鉄砲を撃ちかけてきたのである。

三成から八十島助左衛門が豊久の備えに遣わされてきて、「これから総攻撃をかけるので、後へ続け」と命じられた。とりあえず「心得た」と返答したが、馬上からの口上は失礼だという声があがり、続く者はなかった。

すると、今度は三成自身が単騎馳せてきて、同様に命じた。

「敵勢に突撃するので、後へ続きなされ！」

これに対して豊久が応答した。

「今日の戦いはそれぞれに戦いたいと思っており、貴方もそうしてください」

三成は、「好きなようにせよ」と言い、去っていったという（『新納忠元勲功記』『山田晏斎覚書』『惟新公関原御合戦記』）。

小早川秀秋の寝返り

戦いの焦点は、松尾山の小早川秀秋の去就にあった。通説では、家康が秀秋に寝返りを決意させるため、秀秋が布陣する松尾山に督促の「誘い鉄砲」を撃たせたとする。「寝返らないなら攻撃するぞ」というわけである。しかし、これには諸説ある。

小早川勢には、監視役として家康が奥平貞治を、黒田長政が大久保猪之助を付けていた。彼らが小早川勢の先鋒にいる家老平岡頼勝らに迫り、早く攻撃するよう要請していたという。しかし、平岡らはしばらく戦いを眺めていた。経験豊富な彼らは、もし西軍優勢となれば、奥平や大久保を殺し、西軍につくつもりだったのだろう。秀秋がなかなか動けなかったのも当然である。

「誘い鉄砲」の真偽は不明としか言いようがないが、家康は秀秋の決断を促す何らかの行動をとっただろう。そして史実として、昼頃に小早川勢の大軍が松尾山を駆け下り、大谷吉継の軍勢に攻め込んでいった。

秀秋の寝返りを予想していた大谷吉継は、そのために用意していた予備の兵力を繰り出し、いったんは撃退した。その戦いぶりは、端で見ていても鬼気迫るもので、遠くからこの様子を見ていた島津義弘の家臣曾木弥次郎は、「大谷吉継殿の戦いぶりは、見たこともないようなすばらしいものでした」（鹿児島県歴史資料センター黎明館所蔵『曾木文書』）と回想している。

しかし、味方だったはずの脇坂・朽木・小川・赤座の諸隊も寝返り、大谷勢に攻撃を加えた。これはさすがに吉継の想定外の事態で、大谷勢もついに崩れ、吉継はその場で自害した。

小早川勢が大谷勢に向かっていく姿を見た家康は歓喜した。

「軍《いくさ》には勝ちたるぞ！　勝鬨を上げよ！」

家康は、味方の諸軍勢に一斉に鬨の声を上げさせ、自らの旗本勢にも進撃を命じた。秀秋の寝返りにより、自軍の勝利を確信したのである。新たな軍勢も加わった東軍の諸勢は、敗走する西軍諸勢に襲いかかっていった。

第四章　島津義弘の関ヶ原合戦

1　敵中突破

島津勢は敵に向かう

さて、関ヶ原の戦いでの島津勢はどのような戦いぶりだったのだろうか。そして、それは島津家の戦後の処遇にどのような影響を及ぼしたのだろうか。

宇喜多秀家の陣と島津義弘の陣の間には、池があった。小早川秀秋の裏切りによって崩れ始めた宇喜多勢は、みな池に逃げ込み、義弘の陣所に乱入した（『大重平六関原覚書』）。義弘は、敵味方構わず、陣所に来る者は討つよう命じた。危険な状況であったから総大将、ひいては家を守るには致し方のない処置である。

島津勢が義弘の回りに集まり、どちらに向かって戦うかで談合が始まった。裏切り者の小早川に向かって攻めるという議論もあったが、すぐに変更し、大垣城を目指して活路を開くことにした。すでに敗戦は明らかである。損害をこれ以上大きくする必要はない。いかにして大軍の中を突破して撤退するか。関ヶ原合戦でも名高い、いわゆる「島津の退き口」の始まりである。

それでも、長寿院盛淳は、「この場に及んで御相談は必要ない。僭越だが合戦をしようとする方はそれがしに付いてきてください」と言い、具足の上に義弘から拝領した縫箔の陣羽織を着け、三成から拝領した団扇で味方を招き、抜刀して敵中に入っていった。義弘の退き戦の殿《しんがり》を務めるつもりであったのだろう。

新納忠増も長寿院とともに敵勢に斬り込んだ。帖佐衆の長野勘左衛門は、一番早く敵中に駆け入り、敵の首を討ち取って、「今日の太刀初め」と川上忠兄に見せ、また敵勢に斬り込み討死した（『新納忠元勲功記』）。武勇を重んじる薩摩武士らしい最期である。

先鋒の島津豊久は、「敵をできるだけ引き付け、鉄砲を撃て」と命じていた。果たして大軍が押し寄せたので、島津陣から一斉に鉄砲を放った。ある程度は効果があったに違いないが、相手は大軍であるだけにすぐに敵味方が入り混じり、鉄砲は一回撃っただけで使えなくなった。ある者は鉄砲を捨て、ある者は鉄砲を腰にさして乱戦の中に入っていった。

猛勢の中に攻め込め！

この頃、義弘の周囲には二、三〇〇〇人ほどしかいなくなっていた。義弘は、「薩摩勢を五〇〇〇連れてきていれば、この戦いは勝ったのに」と二、三度言った。そして周囲の者に尋ねた。

「敵は何方が猛勢か」

「東よりの敵、以ての外猛勢」

東は敵の中央である。これを聞いて義弘は、決断を下した。

「その猛勢の中に攻め込め！」

勝機をつかむためには、退却するよりも向かって来る敵の中央付近に攻め込み、その向こうの空白地帯に活路を開こうとしたのである。

島津勢は、敵の中を駆けて行き、妨げる者は斬って捨てた。義弘を守って敵の中に深く斬り込んで行った者は集団から遅れた。

義弘の前方では、木脇刑部左衛門（祐秀、休作とも）が、「島津兵庫頭（義弘のこと）

内の今弁慶！」と名乗り、大垣で義弘から拝領した長刀を馬上から振るい、前を遮る者四、五人を追い払って進んだ（『神戸五兵衛覚書』『黒木左近平山九郎左衛門覚書』）。刑部左衛門はこの時二十六歳、八尺（二メートル以上）もあろうかという大男であったと伝えられる。

そこへ乱戦の中、本隊を見失いながら、ようやく本隊を見つけた右備の山田有栄が冨隈方の二十余人を連れて来た。喜んだ刑部左衛門は、声を掛けた。

「御側に供が少ないので、貴方は御供されたい。連れてきた衆は我等へいただきたい」

そこで刑部左衛門は、向かってくる敵を討ち退け、義弘の後を追った。

長寿院盛淳の討死

長寿院の率いる部隊には、敵からは七〇〇ばかりの騎馬武者が二度、押し寄せて来た。二度目の激戦では、さすがの島津勢もおおかた後方の堀に逃げ込んだ。長寿院は馬を乗り回し、「薩摩は五〇〇里だ。ここを逃れても遠い。逃げた者の顔を覚えておくぞ」と歯がみをして大声で叱咤した。

その時、長崎隼人が鎗を持ち、長寿院の馬の側に近づき、「少しも未練は申しません」

と言った。井上主膳も、この頃まではその場にいた。

「殿様はどのくらいまで退かれたろう」と長寿院が尋ねると、「もはやだいぶ遠くまでです」と答える。「それは目出度い。あとは我等が身代わりになって討ち死にしよう」と言い、三度目の戦いを敢行した長寿院は、「島津兵庫頭死に狂い也」と叫び、大勢の者に取り囲まれ、鎗で突かれて討ち死にした（『井上主膳覚書』）。

手を出さない福島勢、追撃する井伊直政

島津義弘の前方にいたのは福島正則の大軍だった。

「敵ならば切り通れ、それができなければ腹を切る」

義弘の言葉に奮い立った薩摩勢は、なお軍列を整え、進んでいった。福島勢の鼻先三間ばかり（五メートルほど）に近づいた時、一同に刀を抜き、

「えいとう〳〵」

と声を上げ、福島勢の前方を通っていった。

宇喜多勢との戦いで消耗していた正則は攻撃しようとする部下を制した。

「あれは死ぬ気の部隊だ。手を出すとひどい目にあう」

義弘に恨みはない。ここで薩摩勢の突進に手出しをしても、無駄な損害を出すだけだと思ったのである。

しかし、家康の本陣をかすめて南東方向へ駆け抜ける島津勢を見て、家康の四男松平忠吉と井伊直政、本多忠勝らの軍勢は追撃してきた。井伊と本多はともに徳川四天王とうたわれた勇将である。

義弘を守る者たちは、乱戦の中、何人かずつが踏み留まって敵の追撃を支え、義弘を逃がそうとする。しかし少人数のため、周囲を敵に囲まれ、討ち死にを覚悟していたところへ井伊直政が大総《おおふさ》を掛けさせた黒馬に乗って現れた。白糸威の鎧に小銀杏の立物をさした甲《かぶと》、長刀をかついで片手を縄にかけている。

直政は、「なにをぐずぐずしているのだ。兵庫（義弘）を討て！」と自軍を叱咤したが、その時、川上忠兄の家来柏木源藤が進み出、鉄砲で直政の胸板揚巻きを目がけて狙い撃った。弾は直政に当たり、落馬した。大将が撃たれて動揺する井伊勢を見て、義弘は命じた。

「今だ！　早く切り崩して進め！」

島津勢は、大勢の真ん中を切り崩し、進んで行った（『帖佐彦左衛門宗辰覚書』）。

島津豊久の討死

帖佐彦左衛門（宗辰）は、「今弁慶」木脇刑部左衛門とともに義弘を討とうと近づく敵を防いでいたが、ふと気付くと義弘の姿を見失っていた。あちらこちら探しているうちに島津豊久と遭遇した。

「殿様は？」と彦左衛門が尋ねると、豊久は泪を流して言った。

「わからない。どうなさっているのだろうか」

ほどなく豊久は、刑部左衛門と思われる声が彦左衛門を呼んでいるのを耳にした。豊久の家臣が刑部左衛門の声のする方へ行ってみると、手廻り（身辺警護）の僅かな供を連れた義弘と行き合うことができた。義弘が彦左衛門の安否を心配して呼ばせたのだった（『帖佐彦左衛門宗辰覚書』）。

義弘は死を覚悟していて、豊久が先に落ち延びるよう進言しても動かない。

「まことに御家の浮沈を担う大切な御身体ですので、できるかぎりは落ち延びてくださ い」

豊久は義弘を何度も諫め、自分が殿《しんがり》を務めることを申し出、まっしぐらに敵勢の中に斬り込んだ(『新納忠元勲功記』)。

こうして豊久は、敵を支えて討ち死にした。享年三十一。

現在、岐阜県大垣市上石津町牧田烏頭坂に豊久の石碑が建っている。後に木曾川治水工事の時、薩摩藩士がここを訪れ、小さな五輪塔を建てて墓とした。その後、大正九年に石碑が建立されたのである。ここで豊久は重傷を負い、家臣に運ばれる途中、上多良村で絶命したと伝えられている。

2 義弘の逃避行

逃走したのではない

関ヶ原の主戦場を脱出した義弘の周囲は、討ち死にしたり、はぐれたりしてもはや五〇人ほどとなっていた。

とりあえず義弘は、大垣城に戻って味方と合流するつもりだった。

しかし、南宮山のあたりから大垣城の方を見ると、城の本丸に火がかかっているのが見えた。すでに大垣城では、秋月種長・相良頼房らが寝返り、味方の熊谷直盛・垣見家純・木村勝重らを殺害し、その首を東軍に送って許しを乞うていた。大垣城に向かわなかったのは幸いだった。

南宮山に隣接する栗原山には、西軍の長宗我部盛親・長束正家・安国寺恵瓊の軍勢が陣を据えていた。義弘は家臣に言った。

「長宗我部殿に使者を遣わし、関ヶ原で秀頼様御奉公のため粉骨して戦い、このように軍勢を討たれて通過しますと告げよ」

しかし家臣たちは、それを諫めた。

「長宗我部殿は一戦もしておられないので、心変わりされたのではないでしょうか。味方も人がおりませんし、使者を遣わすのは無用だと考えます」

「長宗我部殿とは、昨日今日まで味方だったのだ。その上、朝鮮以来親しくしているので、心変わりしていても構わないから誰か使者に出よ」

義弘は重ねて言った。義弘が言えば先を競って志願するものだが、この時ばかりは敵かもしれない相手への使者役である。誰も声を上げなかった。そこで義弘の側近の伊勢平左衛門が言った。

「誰も参らないようなので、私が参ります」

義弘は喜んで、早く行けと言い、口上の趣を伝えた。

「秀頼公への御奉公として、関ヶ原において度々合戦し、人数をこのように討たれ、ここを通ります。後日、会った時、証人に立ってください」

義弘は、関ヶ原を戦わずして逃走したのではない、と言っておきたかったのである。

義弘らは平左衛門の帰りを待った。なかなか帰ってこなかったので皆心配したが、ようやく帰ってきて盛親の返事を伝えた。

「関ヶ原合戦での御手柄のほどは、申すこともないほど立派なものでした。ともかくも比類ないことです。私の陣の下を東国衆が通過しましたが、こちらへ攻撃をしかけなかったので、私の軍勢は一人も失っていません。何時であっても一合戦したいと思います」

盛親は、戦いの機を逸しただけで、西軍を裏切ったわけではなかったのである。

島津勢の逃避行

南宮山を抜けてからは逃避行である。武将が自分の所在を明らかにするための馬標《うまじるし》は目立つので切り折って捨て、味方同士か区別するための合印や刀の鞘などを川の水で洗った。義弘は、供の者へ具足を脱ぎ捨てるよう命じた。

側に付いていた横山休内は、「大事な鎧をこの野原に捨て置くことはできません。私に拝領させて下さい。もし無事に国へ到着すれば御奉公となります」と願い、義弘の鎧を着た。

それから一行は伊勢方面に向かった。義弘は、南宮山の近くの長束正家の陣にも、この日の首尾を報告していた。正家は案内の者を一騎付けてくれたので、義弘らはいったんは正家の城がある近江の水口に着いた。だが、家康は京都に向かうという。鉢合わせになるのを避けるため、迂回して伊勢方面に引き返した。

途中、大道に行きかかった。この道は関東勢が夥しく進軍していた。

「味方は数が少なく、かの大軍の中を御通りなされるのは難儀です」

「ここに至ってはよい方策もない。ただ切り崩して通るだけだ。それができないならここで腹を切る」

この言葉に、家臣たちは奮い立った。

野原の細道から大道の近くまで寄せ、道に入るとそれぞれが大声を発して大軍の中を横切って行った。敵も油断していたのか、この時は一人の兵も討たれなかった。義弘も馬を下り、徒歩で駆け通った。

一行はその後、鈴鹿峠を越え、合戦当日（十五日）の午後六時頃（夜の六つ時分）に伊勢の関（三重県亀山市）に着いた。そこから北上して駒野（岐阜県海津市）の坂へ向かい、四つ時分（午後十時頃）に駒野峠に至った。

東海道の宿場である近江の土山に着くと、もはや家康が京都に入ったという噂を聞いた。

こうなると、京都経由で薩摩に帰還することは叶いがたい。そこで関に戻り、伊賀に向かって信楽《しがらき》（滋賀県甲賀市）に至った。

伊賀信楽での危機

信楽の切通の坂を通っていたところ、堤の上から法師武者が現れ、義弘を弓で射ようとした。落ち武者狩りであろう。木脇刑部左衛門が走り寄り、弓矢を奪い取った。他の者も走っていき、その法師武者を生け捕った。

すると、郷中の者が大勢出てきて、「この地の祈願坊主をどうして捕えるのか」と抗議した。そのため、近くの家に入り、相談の上、その法師武者を解放した。

十六日の晩には宿所が取り囲まれた。偵察に出ていた刑部左衛門らが引き返し、取り囲んでいる者を背後から斬りつけた。物騒なので宿所にいた者も闇に紛れて外に出てその場を発つことにした。

だが、そこから和泉国に向かうつもりだったが道がわからない。

刑部左衛門と後醍院喜兵衛は、道ばたの家に立ち寄って道を尋ねようとしたが、戦乱の時代だから堅く戸を閉じている。二人は戸を引き破り、中に入った。

家の主は「狼藉者!」と叫んだが、主を捕らえて脇差を胸の下に当て、「声を立てれば殺す。命が惜しければ道案内をせよ」と脅した。

家の主は、仕方なく道案内を引き受けた。

夜が明け、十七日の朝。義弘を始めとして食べる物がない。それぞれが近くの農村に行き、柿などを求めて皆で分けて食べた。

案内をしていたかの家の主は、「もはや和泉国ですので、御暇を下され」という。義弘は、「褒美を過分にとらせたいが、お金が払底しているから」と銀子一枚を与えて彼の縄を解いた。そうはいっても銀子一枚は四三匁(一六一・二五グラム)だから、三五万円である。家の主にとっては迷惑だっただろうが、それなりの報酬は得たと言えよう。

和泉国で道案内を求めたところ、何人も申し出てきたので、その内から一人を雇い、生駒山の南を通って生森という所に出た。義弘たちは、ここで一泊した。

堺商人の援助

十八日の夜明け前、大坂へ向かった。京都と大坂への別れ道で、三成から付けられていた入江忠兵衛らに暇を与えた。忠兵衛は八十島助左衛門と同じく三成の家臣で、島津家の蔵入地の経営や京都での蔵米の売買などに才覚を発揮していた者だった。義弘の側にあって、ここまで付いてきていたのだった。

義弘一行が摂津住吉の明寺に着いたのは、関ヶ原合戦から四日後のことだった。寺内に大勢がいたのでは目立つからと、刑部左衛門・平左衛門・桂太郎兵衛・本田源右衛門の四人と小者一人を連れて門を閉じた。

しばらくして義弘は言った。

「ここまで逃れて来たが、帰国する手立てもないので、ここで腹を切る。面々はなんとしてでも才覚を使って、国に帰り、龍伯様（義久）にこのことを伝えてくれ」

「殿様が御自害遊ばされれば、どうして国に生きて帰ることができるでしょうか。ここ

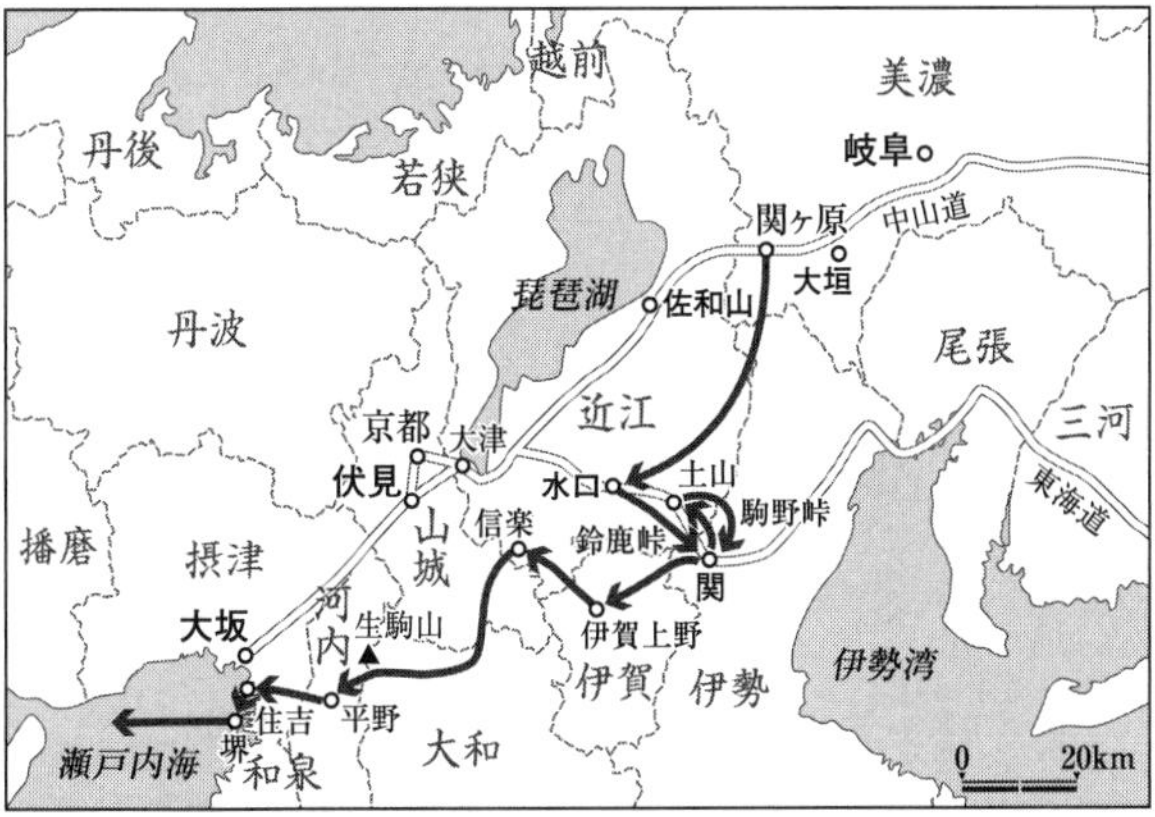

島津義弘の逃避行

で御供を致します」

周囲の者はこう言って、介錯を頼んだり、刺し違える相手を探したりした。やむなく義弘は言った。

「こうなれば行く末を見届けたいので、大坂に山くぐりして行く。自害は延引するので、おまえたちもそれまでは自害するな」

その日の夜、堺の商人塩屋孫右衛門（摂津平野の田辺屋道与ともいう）という者が、乗物を用意して迎えに来た。家臣には大坂の屋敷にいるはずの妻や忠恒の室の安否を探らせることにし、義弘はこれに乗って堺に向かった。大重平六のみがこれに従った。

途中、乗物を見とがめる者もいたが、「塩屋孫右衛門」と名乗って通過した。堺に着くと、孫右衛門の屋敷の裏口から土蔵に入った。

孫右衛門は、湯漬けと香の物を出してくれた。

堺にもすでに家康の手が入り、孫右衛門の屋敷の表店と居宅にも関東の「家捜し奉行」が宿しており、日々夜々西軍の落人を斬り捨てていた。

家臣たちは、後から忍んで孫右衛門の屋敷に来た。

孫右衛門は、義弘の膝に三歳ばかりの子を置き、「これは私の秘蔵の孫でございます。人質に遣わしますので、少しも御気遣いなさいませぬように」と言ったので、家臣たちも警戒心を解いた。

3　薩摩へ

義弘、妻の無事を確認する

しばらくして、大坂へ使いした者が帰ってきて、「御上様《おかみ》（忠恒の室）も宰相殿（義弘の室）もご無事で元気でおられました」と報告した。

義弘が西軍に味方していたため、大坂城に出頭することもなく、島津氏の大坂屋敷にいられたのだろう。

そこで、家臣を大坂へ遣わして屋敷の番をするように命じ、大坂城へは次のように願った。

「義弘は関ヶ原において秀頼様への御奉公のため討死を遂げ申されたので、義弘の人質は国元へ御下りなられるようにして下さい」

もちろん嘘である。秀頼がいる大坂城は毛利輝元が番をしており、まだ家康の手は入っていない。そのため城では義弘の妻たちを不憫に思い、帰国を許してくれた。

これで、国元へ帰れる。

安堵しているところに九月二十一日夜半、孫右衛門の屋敷の浦へ船をつなぐ者があった。大重平六が出て問えば、「薩摩船」と答える。見ると、義弘の御座船の船頭東太郎左衛門の船であった。

太郎左衛門は、船を住吉に回すことを命じられていたが、この日ははなはだ暗く、間違えて、たまたま義弘のいる堺の浦に入ってきたのである。この偶然に供衆は皆大喜びであった（『大重平六覚書』）。

鍋島勝茂の逃避行

西軍の敗将であっても、島津家とはまったく異なる行動をとった者もいる。鍋島勝茂である。秀吉の死後、家康の大坂城入城の際には警護のために大坂城まで駆けつけるなど家康に心を寄せ、意に反して西軍に属して安濃津城攻めなどに参加したものの、関ヶ原行きを断り、内応の機をうかがいながら合戦当日まで伊勢長島城に対峙する野代に陣を置き続けていたのである。その勝茂は関ヶ原合戦の前日である九月十四日夜、関ヶ原に配下の久納市右衛門らを遣わしている。

市右衛門らは十五日夜明けに関ヶ原に至り、南の山に登って戦況を見て西軍が敗北するのを見届けた。その晩、市右衛門らは野代へ帰り、この旨を勝茂に報告した。

「それなら、ここにいても詮のないことである。まず大坂に引き取ろう」

勝茂はこう言い、密かに陣を撤収して、野代から桑名に行き、御崎門（桑名より六キロほど西にある美濃路街道。伊勢路を通る道）を通行しようと考えた。しかし、番人がいて厳しく通行を止めていたので勝茂の家臣は、番人の一人の惣助という者に頼み込み、家に入って粥などを饗された。

この惣助を案内人に、桑名から近江の糀袋村というところまで山越えをしながら苦労して辿り着き、百姓の六左衛門という者の家に入った。ここで休息をとり、そこからの山越えの行程を尋ねたところ、「およそ二三里で、本道は一三里です」と答える。本道を通れば四〇キロも近道だが、東軍がうようよしているであろう本道は通れない。

惣助はここで返し、六左衛門を案内人にして、野伏（落ち武者狩りの者）が多く出る中、やっとの思いで同月十八日、大坂玉造の屋敷へ入った。

ある時などは、野伏の数が多く、家臣が防いでいるうちに勝茂の側を離れ、主従七、八人になって危ないことがあった。その時は、浪人武士五、六〇人が来て、「どなた様か知りませんが、お助けします」と言って守ってくれた。この浪人者は、もと筒井順慶の家臣大原嘉右衛門という者で、そんな奇特なこともあるとはいえ、敗軍の逃避行はかくも危険なものであった。

義弘の誘い

勝茂が玉造屋敷に入った頃、義弘から帰国を誘う使者があった。

「私は、今出船して国元へ帰るところです。御同道しますのでお出でになってください。船中の用意などは何も心遣いはいりません」

同じ西軍に属した者を助けようという義弘の厚意だった。勝茂は思案し、宿老の意見を聞いた。宿老たちは進言した。

「今度の戦の行きがかりは、直茂公の御心に応じるものではありません（直茂は勝茂に家康に味方するよう指示していた）。殿が帰国なされれば、西軍に参加したことを直茂公も同意したようにみえますので、帰国されるのはよくありません」

勝茂ももっともと思い、義弘には「われらは後から発ちますので、お待ちにならないでください」と返答した。

勝茂は、久納市右衛門を京都に遣わし、黒田長政の陣を訪ねさせた。「反逆人の党類の鍋島の家臣だ」と口々に嘲られたが、辛抱強く交渉し、どうにか長政に対面することができた。

久納は、「勝茂の父直茂は家康公に対して全く裏切るようなお気持ちはなく、貴公とは朝鮮以来の御よしみもありますから、お頼み申し上げます」と取り成しを願った。

長政が「その方は急いで山科に行き、井伊直政殿へも頼んでみよ」と言うので久納はまた苦労して直政に面会して、同様に頼んだ。すると直政は、家康の本陣に久納を連れていき、取りなしてくれた。この時直政は、島津との戦いで負傷していて、「おろ」という苧のつるで編んだ質素な駕籠に乗っていたという。

家康は久納の弁解を聞き、次のように命じた。

「加賀守（直茂）の忠心に免じ、信濃守（勝茂）の逆心は許す。しからば、立花左近（宗茂）が今度国へ逃げ帰っているので、これを退治せよ」

これを伝えられた久納は喜び、玉造屋敷に戻った。この頃には東軍の先勢が大坂に乱入して、鍋島屋敷も包囲されつつあったが、久納が「鍋島家は赦免され申した」と高声で呼ばわったため事なきを得た。同月二十五日、勝茂は御礼のため伏見に上り家康に拝謁し、二条城では秀忠に拝謁した。

西軍と東軍の間で二転三転した鍋島家であったが、ここになんとか家を安堵する方策を得たのである。

それではなぜ家康は、鍋島家を赦免したのだろうか。一つは、勝茂がそれまでも徳川家寄りの立場をとっていたことだが、最も大きな理由は、鍋島家の領地佐賀に直茂の軍勢が無傷で残っていたことだろう。勝茂を許さないと直茂が徳川家に反抗することになる。そうなると、収まりかけている争乱が再び九州で起こる可能性がある。勝茂を赦免して直茂とともに東軍として戦わせる方が得策だったのである。

大坂出船

九月二十二日の午前五時頃（早朝七つ時分）、島津義弘は御座船に乗って大坂の河口に至り、約束の刻限を待った。

正午頃、家老平田増宗が船で来て、宰相（義弘の室）と亀寿（当主忠恒の室）がともに無事に大坂を出船し、番所を過ぎたことを告げた。大坂の屋敷は吉田美作・相良日向らに守らせ、女子供はすべて船に収容していた。

増宗は、途中から日向財部城主秋月種長の室も連れていた。西軍方だった種長室の危険を察したためである。

義弘は船を進め、西宮の沖で妻たちが乗った船と出会った。宰相たちは義弘の船に乗り移り、再会を喜び合った。まことに奇跡的な再会であった。

亀寿は系図を懐にし、宰相は文禄の役の恩賞として拝領した名物茶入「平野肩衝《かたつき》」を袂に忍ばせていた。この武士の妻女らしい落ち着いた振る舞いに、義弘の喜びはいっそう大きかった。

船が須磨・明石を過ぎる頃には、大坂に留まっていた者も出船し、追いついてきた。

その数五十余艘に及んだ。

毛利輝元、大坂城を退去する

島津義弘はこうして敗軍の将として国元に引き上げることとなったが、西軍の他の面々はどのような運命をたどったのだろうか。

徳川家康は関ヶ原合戦の翌日、小早川秀秋・脇坂安治・朽木元綱・小川祐忠・赤座直保ら寝返り諸将に石田三成の居城であった近江の佐和山城を攻めさせた。態度を明確にしなかった懲罰のようなものである。三成の兄石田正澄らが留守を守っていた佐和山城は、ほどなく落城した。

家康は近江八幡、草津と進み、九月二十日に大津城に入った。

関ヶ原合戦には勝利したものの、毛利輝元を大坂城から退去させないことには戦いは終わらない。輝元がもし大坂城に籠城の姿勢を見せるなら、大坂城を攻撃しなければならないが、大坂城は豊臣秀頼の居城である。秀頼様のためと称して戦いを始めた家康にはできないことだった。また、もし攻撃を敢行しても、難攻不落の大坂城が簡単に落ちるはずもなく、これまで家康に従っていた秀吉恩顧の大名たちが協力体制を維持することは期待できない。

家康にはそれが十分にわかっていたから、九月十七日には黒田長政・福島正則の両人に輝元へ次の書状を書かせた。

「このたびは奉行ども（石田三成らのこと）に謀反の意志が見えたので、内府公（家康）が美濃まで御出馬されましたが、吉川殿・福原殿が毛利の御家を大切にされておられることはよくわかっていますし、我々二人には（家康に味方するという）御内存も告げられましたから、それを内府公へ申し上げました。内府公も輝元には少しも含むところはないということですので、御忠節においては、いよいよこれから相談してゆこうということを、我々より申し入れよ、とのことです」

この文章のうち、「御忠節においては」という一節は、誰に対する「御忠節」かはぼかされている。家康は輝元の主君ではないから、御忠節を果たす義理はない。この時点の大名が御忠節を果たす対象は、秀頼である。つまり家康は、秀頼に対する御忠節として黒田・福島の調停に従うように言った、ということになる。

その具体的な内容は、輝元が大坂城を退去する、ということである。その条件として、毛利家の領国は相違なく安堵する、という輝元が最も願っている条項が伝えられた。

こうして九月二十二日、輝元は福島・黒田両名に対して起請文を提出し、大坂城西の丸からの退去を誓約した。

大津城から戻った立花宗茂や関ヶ原から無傷で帰還した毛利秀元らは、輝元に籠城を進言していた。しかし恐怖にかられた輝元は、それらの意見を聞こうとはせず、二十四日には大坂城西の丸を退去して木津の毛利屋敷に移った。この時点で輝元は気づいていなかったのかもしれないが、領地安堵はあくまで福島・黒田の約束であり、家康はまったく言質を与えていなかった。

この瞬間が、家康を関ヶ原合戦の真の勝者とした瞬間であった。

三成らの処刑

小西行長は九月十九日に伊吹山中で、石田三成は同二十一日にやはり伊吹山中で田中吉政の家臣によって捕らえられた。

安国寺恵瓊は毛利秀元の軍勢とともに南宮山から離脱し、鞍馬寺の月性院に籠もった。しかし、追っ手が迫っていることを知り、乗物に乗って京都に向かったが京都所司代奥平信昌によって捕らえられ、大津城に護送され、大津城の櫓に小西行長とともに拘留された。

長束正家は関ヶ原の敗戦後、伊勢に向かうが、長島城の山岡景友に追撃されて居城近江水口城に帰り、籠城の姿勢を見せた。しかし、佐和山城落城後、家康は水口城に池田長吉を遣わし、投降を勧告した。正家は城を長吉に引き渡し、近江日野に移ると九月三十日、自害した。

十月一日、三成・行長・恵瓊ら三名は車に乗せられ京都を引き回され、六条河原で斬首され、長束正家の首とともに三条橋に晒された。

もう一人の奉行増田長盛は大坂城を出て居城の大和郡山城に籠もった。家康は長盛の領地は没収するが命は助けることを伝えた。長盛は出家して本多正純・藤堂高虎らに大和郡山城を引き渡し、高野山に入った。

無傷で戦場から離脱した長宗我部盛親は九月末に領地の土佐に帰国した。そして徹底抗戦の姿勢を見せたが、勝ち目がないことは明らかだった。盛親は家臣を死なすことに忍びず、十一月十二日には大坂に上って降伏を申し出た。このため命は助けられたが、領地は没収された。

増田長盛が西軍の首謀者の一人でありながら助命されたのは、居城に籠もって徹底抗戦の姿勢を見せたからだろう。家康は、長盛の首を取るより、早く戦いを収めることを優先したのである。長宗我部盛親は、二大老・三奉行の指示に従っただけであり、関ヶ原合戦でも戦っていないので、土佐で徹底抗戦していればあるいは領地の一部は維持できたかもしれない。しかし、大坂に上ってしまえば、領地没収は不可避だった。

立花宗茂との再会

筑後柳川城主の立花宗茂は、毛利家一門で筑後久留米城主の小早川秀包らとともに京極高次の籠もる大津城攻撃に従事し、九月十五日にこれを開城させていた。しかし、まさにその日は関ヶ原合戦の当日で、草津まで進んだところで西軍の敗報に接した。

宗茂は大坂へ戻り、ここでもう一戦しようと考えた。しかし、西軍の総大将毛利輝元に籠城するつもりはない。仕方なく宗茂は国元へ帰って徹底抗戦しようと考えた。

宗茂は五十余艘の船を並べ、大坂から海路柳川に向けて出船した。そこに義弘が船で薩摩へ帰っているという知らせが入った。

九月二十六日、宗茂は義弘と連絡をとり、船を安芸の日向泊りに繋いだ。

義弘の船を訪れた宗茂は、喜びのあまり涙を流しながら往事を語り、再会を期して別れた。しかし、おそらくこの時点で二人は、今生の別れを予感していたに違いない。

翌二十七日、義弘が日向泊りを出船し、豊後灘にかかった頃はもう夜になっていた。義弘は御座船の提灯を目印に進むよう命じたが、豊後安岐城を包囲していた黒田如水の番船に義弘の供船が遭遇した。供船の一艘は宰相の乗船で、侍女らを乗せており、一艘は亀寿の台所船、一艘は義弘の台所船だった。

三艘はあわてて逃走しようとしたが、番船は追撃してくる。

二十八日夜明け、両軍は森江沖で戦い、島津の家臣伊集院左京・比志島源左衛門・大重次郎兵衛らが戦死した。三艘の供船は番船に捕獲され、侍女らは捕虜になった。これらの捕虜が薩摩へ送り返されたのは、のちに講和がまとまってからである。

義弘の帰国

そんな苦難がありながらも、義弘らの船は二十九日、日向細島へ着船した。そこで一泊し、翌晦日には財部（高鍋）に宿し、秋月種長室を城に送り届けた。家老らは大喜びで感謝の意を表した。

翌十月朔日、財部を発し、昼頃には島津豊久の領地佐土原へ着いた。そこで豊久の老母およびその室に会い、豊久の戦死を告げ、互いに涙した。

その後、佐土原を出て、日向八代に一泊し、霧島山を越えて都於郡の大窪村に一泊、三日に大窪を出て、冨隈城に兄の義久を訪ねた。

「大敵の囲みを破って無事生還しただけではなく、大坂にあった人質の児女子を残らず連れて帰国する事、ただの武将ではできることではない」

義久は、弟の勇武知謀を賞した。

その後、義弘は帖佐の居宅に帰った。忠恒が帖佐まで父母を迎えに出ており、ここで祝宴が行われたが、ここから長い長い、島津家のもうひとつの「関ヶ原合戦」が始まるのである。

第五章　九州の「関ヶ原」と島津家の命運

1　九州の「関ヶ原合戦」

島津家の「第二の関ヶ原」

「はじめに」で述べたように、島津家は西軍として関ヶ原合戦の本戦に参加しながら領地を失わずにすんだ唯一の大名である。

これまで見てきたように、島津家は合戦前、徳川家康からさまざまな厚意を示されている。朝鮮出兵後の恩賞の加増であったり、庄内の乱への援助だったり、はたまた借金を肩代わりしてもらったりと恩義はひとかたではない。にもかかわらず、島津家にしてみればやむを得なかったとはいえ西軍に参加、伏見城を攻撃し、関ヶ原合戦では石田三成に信頼されて後衛を託され、敗戦後は大軍を突破しての撤退戦で勇名を上げ、徳川家の重臣井伊直政を負傷させている。家康の怒りもなまなかなものではなかったはずだ。

実は、島津家にとっての関ヶ原合戦は、国元に帰って終わり、ではなかった。ほとんどの大名に対する論功行賞は慶長五年（一六〇〇）内に終わっているが、島津家は粘り強く徳川家康との交渉を続けた。島津家の「第二の関ヶ原」はここから始まるのである。

黒田官兵衛の快進撃

それにはまず、関ヶ原合戦当時の九州の状況を把握しておく必要がある。

奥州で会津の上杉景勝と、出羽山形の最上義光の間で合戦があったように、九州でも関ヶ原合戦の本戦を前に合戦が始まっていた。まず動いたのは大友吉統である。

吉統は、最盛期には九州六国を領した戦国大名大友宗麟の子で、秀吉の頃には豊後を領していた。が、朝鮮出兵の時、許可を得ず撤退したことで秀吉の怒りを買い、改易されて領地を失っていた。毛利輝元に保護されていた吉統に石田三成は「旧領を返還するので一族郎党を集めて豊後に下り、佐伯城主毛利高政らと連絡を取り、東軍方の黒田官兵衛（孝高、如水）のいる中津城を攻めよ」と命じた。

これに応えた吉統は、豊前浜脇（大分県別府市）に上陸し、細川氏の家老の松井康之

壱岐
小倉城
(毛利勝信)
筑前
中津城
(黒田官兵衛)
富来城
(垣見一直)
豊前
唐津城
(寺沢広高)
安岐城
(熊谷直盛)
久留米城
(小早川秀包)
杵築城
(松井康之・有吉立行)
佐賀城
(鍋島直茂)
筑後
柳川
立石城
(大友義統)
肥前
柳川城
(立花宗茂)
佐伯城
(毛利高政)
豊後
熊本城(加藤清正)
延岡城
(高橋元種)
宇土城(小西行長)
肥後
日向
人吉城
(相良頼房)
佐敷城
高鍋城
(秋月種長)
大口
出水
佐土原城
(島津豊久)
薩摩
帖佐
(島津義弘)
冨隈
(島津義久)
飫肥城
(伊東祐兵)
鹿児島城
(島津忠恒)
大隅
0
50km

「関ヶ原」当時の九州

と有吉立行が守る杵築《きつき》城を攻め始めた。杵築は細川忠興が丹後の領地のほかに家康から拝領した新たな領地で、守りが薄いと思われたのだろう。

杵築が落ちれば黒田官兵衛がいる中津はすぐそこである。だが、主力部隊は官兵衛の子長政が率いて家康に従軍している。留守を守る隠居の官兵衛は、中津城の天守に蓄えていた金銀で領内の地侍や浪人を召し出し、九〇〇〇もの軍勢で杵築城救援に向かった。

九月十三日、杵築の六里西南の石垣原での激戦で、吉統の勇将・吉弘統幸が討ち死にし、黒田側の勝利となった。翌日、官兵衛は吉統の籠もる立石山に向かった。吉統側は逃亡する兵が続出しており、勧告に応じ投降した。

勢いに乗った官兵衛は十六日、西軍方の熊谷直盛の安岐城を攻めた。直盛は三成に応じて出陣して大垣城におり、安岐城には留守部隊しかいなかった。官兵衛は城を包囲して降伏を勧告、十九日に熊谷氏の留守部隊は投降した。

さらに二十三日には、官兵衛は垣見和泉守の富来城攻めを開始した。この頃、ようやく関ヶ原合戦で東軍が勝利したという知らせが届いて富来城も開城した。

豊後を制圧した官兵衛は勢いを緩めない。小早川秀秋の領地筑前を経て筑後に入り、西軍方の小早川秀包の久留米城に至った。軍勢は投降した熊谷氏や垣見氏の留守部隊を加えて一万三〇〇〇ほどにふくれあがっていた。

久留米城はすでに肥前佐賀の鍋島直茂の軍勢が包囲していた。東軍につこうとしながら去就に右往左往していた勝茂の父である。官兵衛が久留米城に西軍の敗北を告げて降伏を勧告すると、小早川秀包の家老桂民部は開城し、直茂が城を受け取った。

豊前、豊後はこれで決着がついた。

柳川城の立花宗茂

九州北部に残る西軍は、島津義弘と別れを告げて筑後柳川城に籠もった立花宗茂だけとなった。これもすでに鍋島直茂と肥後熊本の加藤清正の軍勢が包囲していた。

すでに述べたように鍋島氏は、西軍に属した当主勝茂が赦免される代わりに家康から立花攻めを命じられている。このため国元の隠居直茂の動きは敏速だった。

また加藤清正は、肥後宇土の小西行長の留守部隊を投降させるとともに、筑後に北上していた。

この戦いで特筆すべきは女たちの活躍だろう。

宗茂の妻誾千代《ぎんちよ》は立花城主立花道雪の娘で、七歳の時に道雪から「立花城の城督・城領・諸道具の一切」を譲られていた。その後、入り婿の形で立花家を継いでいたのが勇猛で鳴る高橋紹運の子宗茂だった。

しかし慶長二年（一五九七）頃、誾千代と宗茂は不和になり、誾千代は柳川城を出て城の南の宮永村に建てた館に移っていた。それから三年。関ヶ原合戦の知らせが届くと誾千代は敵の来襲に備えて紫威の鎧に長刀を持ち、床机に座って待った。

道雪譜代の女中たち二百余人もこのとき、揃いの唐紅の装束に甲冑を着け、長刀を持って、誾千代の宮永御殿に集まった。堂々たる女性軍団である。戦国時代の武家の女性たちは、のちの江戸時代の奥女中とは違い、武道の心得があったのである（もっとも戊辰戦争でも、会津の娘子軍は長刀を持って官軍に立ち向かっているから、こうした強い女性の伝統が消えたとまでは一概には言えない）。

さて、柳川に向かった加藤清正は、家臣から助言された。

「宮永の館は、宗茂殿の本妻がいる所で、宗茂殿の家来たちはこの方をたいへん大切にしています。この近所に軍勢を向かわせると、宗茂殿の命令がなくても必死で抵抗するでしょう。別の方向から柳川に入った方がいいです」

立花道雪もまた武勇名高い武将である。その惣領娘だけに、家臣たちは決死の思いで誾千代を守ろうとしていた。助言を受けた清正は宮永を避けて江ノ浦ではなく瀬高から柳川に入るルートへ作戦変更したという（『浅川聞書』）。

この清正の軍勢と鍋島直茂の軍勢に加えて、十月十五日には帰国した鍋島勝茂と黒田勢が柳川領に侵入する。宗茂はこれに軍勢を出し、いったんは勝利するが多勢に無勢、宗茂は少ない人数をさらに分散させるのを避け、端々の出城から軍勢を引かせた。

当然、敵は城近くまで押し寄せる。肥後からは加藤清正の、日向からは有馬直純が率いる軍勢も侵入してくる。ついに籠城となった。敵が城近くまで来た時、宗茂は鍋島の陣所へ軍勢を出し戦ったが、大軍相手では負けないまでも死傷者が続出してじり貧になっていく。この戦で鍋島勝茂は首級六百余を取り、家康に送っている。家の存亡がかかっているだけに必死だったのだろう。この功績があって、鍋島家は戦後、加増もなかったが、減封もまぬがれた。

そんな戦いの最中に、宗茂が京都へ残しておいた使者が下ってきて、家康から赦免があったことを知らせた。そこで宗茂は清正と官兵衛へ和睦を申し入れ、すぐに和睦は成立した。そもそも宗茂も清正も官兵衛も朝鮮出兵での戦友であり、家康さえ許すなら宗茂を生かしておきたいと願っていたのである。

赦免された宗茂は柳川城を出て肥後の高瀬に退いた。誾千代は宗茂とは行動をともにせず、玉名郡腹赤村（熊本県長洲町）の農夫・市蔵宅に宿した（『誾千代姫年譜』）。宗茂は家臣の十時八左衛門に供を命じ、誾千代を護衛させて送ったという（『浅川聞書』）。

宗茂の覚悟

こうして立花宗茂も軍勢に加えた官兵衛は、宗茂を先鋒に立てて薩摩の島津攻めに向かうこととし、まずは肥後との国境の佐敷・水俣に至った。

この頃宗茂は、安芸で別れた島津義弘のことを思い、清正・官兵衛へ義弘の赦免を願った。すると宗茂自身が島津家の意向を確かめるよう言われたので、書状を送り、降伏を勧告した（十月二十七日付け立花宗茂書状『旧記雑録』）。

「江戸中納言様（徳川秀忠）が近日御出馬なさるということです。諸勢も打ち下られます。拙者なども御赦免をいただいた上は、出陣することになるでしょう。（中略）今分別され、中納言様が御出馬されないうちに使者を差し出し、御詫びなさるべきです。拙者の一命を懸け、取次をしたいと思います」

これは、義久・義弘・忠恒の三名宛てになっている。宗茂は当時珍しく気骨があり、節操のある大名である。義弘とも親しい。しかし、島津氏側は、宗茂の言うことに嘘はないとは感じながらも、家康に許す気があるのかどうかがわからない。島津氏は宗茂に使者を送り、自己の立場を弁明するにとどめている。

宗茂は官兵衛と清正に使者の弁明を伝え、井伊直政へ取り次いだ。また旧知の家老島津忠長へ「できれば貴殿などが上洛して弁明した方がよい」と助言している（十一月二十二日付け忠長宛て立花宗茂書状『旧記雑録』）。泗川の戦いで活躍し、中央政界へも名の知れている忠長が上洛すれば島津氏の姿勢も明確になると考えたのだ。

しかし、このように立花宗茂までが降り、九州一円は島津家を除いてすべて徳川方となったのである。

2　島津氏の臨戦態勢

義弘、家臣に加増をする

対する島津氏は、どういう状況だったのだろうか。

薩摩へ帰った義弘がまずしたことは、関ヶ原以来供して死地をくぐってきた者たちへの加増である。山田有栄への二〇〇石を最高に、本田源右衛門に一〇〇石、薩摩の今弁慶こと木脇刑部左衛門には五〇石、中馬大蔵にも五〇石が与えられている。他も五〇石、三〇石と、身分に応じて加増した。

二〇〇石からの年貢は、五公五民として一〇〇石だから、八〇〇万円の賃上げ、三〇石でも二四〇万円の賃上げである。

当然のことながら、義弘の領地は増えているわけではないから、本来ならそれほど豊かではない義弘の蔵入地（直轄地）の中から割き与えるはずである。ところが、加治木衆の江浪彦三郎に宛てた三〇石加増を明記した感状（手柄を賞する文書）には、別の文書が貼り継がれている。その文書によると、この三〇石の知行が配分されたのは実に三十四年後の寛永十一年（一六三四）のことなのである（姶良市歴史民俗資料館寄託文書）。それまで感状はまったくの空手形だったわけである。

義弘としては、生死をともにした部下になにがしか報いなければならないという一心だったはずである。そんな思いで出された感状は、義弘を守って故郷まで帰還した家臣にとっても何物にも代えがたいものだったろう。義弘も空手形を出したつもりはなかったろうが、謹慎の意を表して桜島に引き移るなどのことがあったため、実際の知行が割り当てられない状態が続いたのだろう。

当時の島津氏にとって喫緊の課題は、東軍に属した肥後の加藤清正への対策であった。この時点で清正は小西行長の宇土城を攻撃しており、それが終われば薩摩へ攻め入ることは時間の問題だと思えた。

そこで、出水・大口といった国境の外城の防備を厳重にし、地下人からは人質を取り、家臣たちには一人につき三石の加増をして、島津領国の防衛をはかった（十一月十四日忠恒宛て義弘書状）。また、日向方面の防備を考え、都城の北郷氏に、留保していた志和池・山田・野々美谷の三ヶ所の外城を返付して備えた。

義久父子への詰問状

十月中旬、肥前唐津の寺沢広高と徳川家の家臣山口直友が連署した書状（九月二十八日付け）が島津氏に届いた。宛名は島津義久と忠恒で、内容は以下の通りである。

「このたびの惟新（義弘）の御逆意は、なんとも仕方のないことです。龍伯（義久）御父子は御同意だったでしょうか。または別の御考えだったでしょうか。様子を詳しくお伝えください。その内容を内府に申し上げます」

寺沢は朝鮮陣以来の知己であり、山口も庄内の乱の時に薩摩に下っていて島津氏とは面識があった。家康はその二人に講和の糸口を探らせたのだろう。交渉相手は西軍に属して戦った義弘ではなく、国元にいた義久と忠恒である。ここでは、義弘の行動に義久父子が同意していたかどうか、が焦点となっていた。

島津氏は十月二十二日付けで、義久・忠恒が連署し、次の返書を送った。

「惟新は、石田三成らの企てはまったく聞かされていません。内府（家康）様御厚恩のことは忘れてはいませんが、内府様もご存じのように、秀頼様に対し永々御忠節を抜きんでるべきであるとの証拠として、度々起請文を上げておりました。それが間違いないのであれば、味方するようにと大坂の奉行衆がおっしゃるので、君臣の道を黙止《もだ》しがたく、それに従ったということです。もちろん我々は、数々のご厚意をいささかも忘れていません。腹に一物などありません。これらの段を御理解の上、御取りなしをお願いいたします」

この連署状はまず義久が作成した。それを忠恒に送り、「これは義弘と相談して書いたもので、忠恒がそれでよいと思うなら判形（印のこと）を頼む。もし合点がいかないならそちらで訂正し、送り返してくれ」と言っている。島津氏内部では、あくまで義弘は秀頼への忠節を果たしただけだという論理で義弘をかばうことにしたのである。

井伊直政からの書状

次いで、関ヶ原で義弘を追撃し、負傷した井伊直政からも、十月十日付けの書状が届いた。

「このたびの天下の戦はいたしかたのないことです。兵庫頭殿（義弘のこと）が国元にお帰りになったとのことなので、お国でご相談になって、御国の事情を弁明され、早々御出仕なさるのがよいです。内府（徳川家）については、以前から御取次をしていますので、尽力いたします」

関ヶ原で戦ったよしみもあり、自分が家康との間を取りなそう、というのである。しかし、依然として家康自身は前面に出てこない。

この書状への返事が来ないため、直政は十一月十三日付けでも同様の内容で、とにかく上洛して弁明せよ、という書状を送っている。ただし、今度は義弘に加え忠恒にも「御身上のこと、どうして御油断なさっているのですか」と書いて送っている。

つまり、御家や自身を守りたいのであれば、即座に上洛して弁明すべきであるのに、書状への返事もないのは「御油断」だというのである。確かに、その状態が続けば、事態は深刻なものになりかねない。

しかし、島津氏は容易に動こうとはしなかったばかりか、国境の守りを固めて防衛体制を築こうとしていた。義弘が書いた十一月十四日付けの忠恒宛て書状では、次のようにある。

「山田の衆中（山田外城の家臣）は、美濃ではぐれ、肥後表経由で下り、出水に着いた。彼らによれば、佐敷・水俣の敵は、それほど大勢ではないように見えたという」

どうにか逃げ延びた島津氏家臣が三々五々、国元に帰ってきており、周囲の状況を報告していたのである。先の十月二十七日付けの立花宗茂書状もこの頃には着いていたはずだから、東軍方がすぐに薩摩に攻め入るということはなさそうな雰囲気を感じとっていたのかもしれない。この時点では、周囲を警戒し、警護を固めることに軸足を置いていたのだ。

捕縛された島津家臣

ここで少し時間をさかのぼる。

関ヶ原合戦で、島津氏家臣の喜入忠政・入来院重時・新納旅庵・本田助丞・勝吉父子・押川江兵衛・同喜左衛門・五代舎人ら上下三〇〇人ばかりは乱戦の中、義弘を見失った。義弘を逃がそうと敵と戦っているうちに、本隊から遅れたのである。

かれらは伊吹山の麓で馬を降り、どの敵と戦って討死しようか、あるいは自害するかと評議していたところ、長宗我部氏からの使番が一騎、「兵庫頭殿（義弘）は伊勢路に向かって退去された！　おのおのもすぐに退去されたい！」と叫んで馳せ過ぎて行った。盛親は島津氏のため、伝令を送っていたのである。

義弘が討ち死にしたとばかり思っていた彼らに、生き延びる勇気が生じた。そこで、案内者を頼み、北近江路を通り、九月十八日鞍馬に着いた。関ヶ原合戦の三日後である。

そこからは二、三人ずつに分かれ京都に潜入した。彼らを襲った運命はさまざまである。入来院重時は敵に遭遇し、主従七名ともが討死した。押川江兵衛らは近衛家に匿われるなどして無事逃げ延びた。家老の新納旅庵と本田助丞父子らは鞍馬に残っていた。

十九日夜、山口直友らが、大勢の人数を連れて落人狩りにやって来て、旅庵らがいる所を包囲した。旅庵や本田助丞父子は討ち死にを覚悟して討って出、旅庵の家来郷盛八という者が討死し、旅庵らは捕縛された。三人は大坂に連行され、尋問を受けることになった。

東軍方の尋問

尋問は、まず義弘が国元へ帰ったという噂の真偽を問われるところから始まった。以下、そのやりとりである（『新納旅庵覚書』）。

「戦場で主君と離れましたから、わかりません」

「義弘が今度の合戦の張本だという噂があるが、どうか」

「義弘は人質を大坂へ取られていて、三成の要請を断れませんでした。伏見城へ入ろうとしましたが、鳥居元忠殿に拒否されました」

「今度の謀反を国元の義久は知っていたか」

「御両殿（義久・忠恒）は与り知らぬことで、軍勢も上方に出しませんでした」

「偽りを申すな！」

尋問していた者が旅庵をひどく叱責したが、旅庵はあくまで弁明した。

「朝鮮での七年もの軍役で戦死者や負傷者・病人が多く、さらに国元で大身の家臣が逆心致し籠城したので（庄内の乱）、去年から今年の春まで戦っており、兵糧も欠乏して人数を上方まで派遣することなどできませんでした。今度の戦いは義兵でもなく、どうして両殿が軍勢を差し上せるでしょうか」

こうした事情で義久らが軍勢を上方にあげなかったのかどうかはわからない。しかし、「兵糧も欠乏して人数を上方まで派遣することなどできませんでした」というのは、一定の真実を伝えているとも考えられる。島津氏が長年の合戦で疲弊していたことは、確かなのである。

旅庵はそれを逆手にとって、義久らは今回の戦いを義兵でないと考えて、軍勢を送らなかったのだと強弁したのである。

徳川方は主君をかばう旅庵の弁明を認めようとした。ただし、そのためには、義久か忠恒が上洛する必要があった。

忠恒の決意

家康は、旅庵に案内者として帰国するようにと命じた。

「自分は戦場で主君を見失い、生捕りになった者で、再び帰国して主君に合わせる顔がありません」

旅庵が固辞したので、まずは本田助丞が案内者として下り、十二月二十九日に日向の綾に到着した。そのほか大勢の捕虜もこの時送還されている。山口直友が託した十二月十三日付けの書状は、以下のようなものである。

「お手紙を拝見しました。また、御両使（二人の使者）の口上も委細、承りました。井伊直政と相談の上、家康へ披露しました。今度のことは、大坂の奉行衆から申し入れられても、御父子が承知なさらなかったことを仰っておられましたが、これも詳しく伝えました。これで済むということは、御両使の口上に申し入れました。よくよくお聞きになってください。申すまでもないことですが、この節に御油断なきことが肝要に存じます。こちらでは、直政と談合して、粗略のないようにします。とにかく早く御上洛なさって、内府へ御礼を仰せられれば、前々より御昵懇の関係がありますので、すんなり事は済むと存じます」

つまり島津氏の弁明は認められており、上洛すればそれで島津氏は許されるであろうと伝えたわけである。

忠恒は直友の使者に対して、「一門でも家老でも上洛させる」と告げたところ、使者は、「義久の上洛こそが望みである」と答えた。これを聞いて忠恒は、家老の鎌田政近に次のように不安を吐露している（正月十六日付け忠恒書状『旧記雑録』）。

「世間の噂では、しっかりした起請文をもらって出頭した人も、裏切られることもあるということです。そうなっては、なんとも家の恥辱で是非に及ばないことです」

石田三成、小西行長らは捕らえられ、大名としての面目も何もなく、雑兵のように京六条河原で斬首された。

土佐の長宗我部盛親は、恭順の意を表して大坂城に出頭したにもかかわらず、拝謁さえ許されず領地すべてを没収された。

戦わずして大坂城を退去した毛利輝元は、それまで領していた中国地方七カ国と数郡におよぶ一一二万石を安堵されるはずだったが、後に述べるようにわずか周防・長門二国三六万九〇〇〇石に削減された。

周囲はみなこのような状況だったから、忠恒の不安ももっともだった。そんな状況では、とても軽々しく義久を上洛させるわけにはいかない。

しかし、義久を上洛させないとしたら、徳川方と武力対決を余儀なくされる。それは「百に一つも勝ち目のない戦い」である。

忠恒は家老の鎌田政近に、「譜代相伝の家をむざと潰すことは無念きわまりないが、家中の者の結束でできるだけ防戦し、それで相果てるならば本望である」と、決戦の覚悟を使者役の本田助丞に伝えるよう告げている。義久・義弘を守ろうとする島津家中の結束はかほどに強かったのである。

3　講和交渉は続く

新納旅庵の薩摩下向

慶長六年（一六〇一）四月四日には、和久甚兵衛とともに講和の使者として新納旅庵が薩摩に下向し、義弘に拝謁している（四月四日付け忠恒宛て義弘書状『旧記雑録』）。捕虜になった後、山口と行動を共にしていた旅庵は、家康の書状と家康の家老本多正信と山口直友が連署した起請文を託され、国元へ帰ることを決意したのである。旅庵との面会後、義弘は謹慎の意を表明するため、桜島に退き、藤野村の藤崎庄兵衛邸に寓居した。

『新納旅庵覚書』は、次のように事情を書いている。

「家康から丁寧な書状が届いた後も、国元ではたいへん家康の真意を疑っており、状況を探らせるために、使者として家老の鎌田政近を上洛させた。政近は七月二日に日向細島を出船し、十二日には安芸の室津に着いたが、逆風のため室津に十九日まで逗留した。政近はあまりに遅れるのを嫌い、無理に出船し、幸い順風に変わったためその夜大坂に到着した」

二十日の早朝、政近は和久甚兵衛に自分の使者を付け、山口直友に連絡した。山口からは、指示があり次第に伏見へ来るようにと返答があった。しばらく待ち、八月二日になって「明日伏見へ参上せよ」との指示が来た。

山口に引き合わせてもらった家康の老臣本多正信の要求は、とにかく義久の上洛であった。義久が上洛し、義弘の行動を弁明すれば、家康の面子も立ち、島津家の赦免も決まるのであろう。政近は八月十日に家康に拝謁し、非常によい感触を得て八月十一日付け書状で国元の家老に報告した。

「こちらでの首尾は非常に良く、家康様の言葉もいうことはないほどでした」

八月二十四日には、本多正信と山口直友が義久と忠恒の身命と領国の安堵を保証する起請文を与えている。そして義弘については、義久・忠恒が恭順の意を表する上は、咎めのないよう取り成すということであった。

ただし、家康の起請文ではなく、取り成しを約するという起請文であるから一抹の不安はあった。

会津の上杉景勝は家康に赦免を願い、おおむね了解を得た。そこで景勝は家老の直江兼続とともに七月一日会津を発し、二十四日、伏見に着いた。景勝の家康への進物は鷹十二羽・銀子一〇〇〇枚（三億五〇〇〇万円）・さらしの布という多額のものだった（八月二日付け鎌田政近書状『旧記雑録』）。しかし、景勝は会津を召し上げられ、米沢に転封となった。一二〇万石から三〇万石への転落だった。

関ヶ原合戦から一年足らずの間に、講和をしていないのは常陸の佐竹義宣と島津氏だけになっていた。

島津家中の疑心暗鬼

客観的に見れば、ここで義久が上洛を決意すれば講和はまとまったはずだ。しかし、島津氏にとって見れば、そんなに簡単に領地が保全できるとは思えなかったのだろう。忠恒の家老伊勢貞昌によると、国元の者たちは、鎌田政近が家康に騙されて体よく帰されたのだと悪く評判し、義久も疑念が拭えなかったようである。これまでの家康の行動を見ればそれも無理からぬところだった。

そこで義久は、家康自身の起請文を発給してもらうため、重ねて税所越前と竹内某の両名を遣わした。

忠恒も、時間稼ぎのため、今度は家老の島津忠長を派遣することにした。忠長は旅庵とともに上洛していった。

一方、家康はこの年十月十二日に伏見を発し、十一月五日、江戸に着いた。講和交渉は翌年に持ち越されたのである。忠長は十月には伏見へ着き、交代で鎌田政近が和久甚兵衛とともに薩摩へ帰ってきた。

伊勢貞昌の覚書によると、義久は家康軍と一戦を交えようとしており、対する義弘はそうなれば島津家はひとたまりもないと恭順を主張したらしい。家臣たちも相互に対立したが、忠恒の家臣である鹿児島方の鎌田政近・比志島国貞は上洛を支持し、義久の家老伊集院抱節も義弘を支持した。

島津氏存続の方針をめぐって、内部では強硬派と融和派の深刻な対立が生まれていた。

家康の起請文

慶長七年（一六〇二）正月十三日、家康は再び江戸を出立し、二月十四日、伏見城に着いた。

佐和山城主となり、家康に島津家の取りなしをしてくれていた井伊直政が二月、関ヶ原合戦の時の傷が悪化し、没した。享年四十二。

この年、常陸の佐竹義宣が上洛して罪を謝した。五月八日、家康は、榊原康政・花房職之を使者として遣わし、佐竹氏の常陸・奥州・下野三国の領地をことごとく没収し、出羽国に領地を与える、と告げた。家康の言い分は、次のようなものだった。

「勢いを見て兵を起こし、敵となるのは武門の常である。勝敗もまた天命によるものだから咎めるべきものではない。しかし義宣は、東西両軍に付くように見せかけて家を全うしようとした。私は、義宣の行動を景勝以上に憎む」

七月二十七日、義宣には出羽国秋田・仙北二郡に封地を与えるとの判物を下され、のち出羽国雄勝・平鹿・河辺・山本、下野国都賀・河内の六郡を加えられ、二〇万五八一〇石を与えられた。

こうして戦後二年を経て、まだ講和していないのは島津氏だけとなった。

家康の側近本多正信は、山口直友と連署で今度の家康の上洛時に義久も上洛して家康に拝謁することが是非とも必要であると求めて来た。ついに側近中の側近である正信までが交渉に出てきたのである。島津氏としても、あまり長引かせるわけにはいかない。

五月、直友から、「家康様が八月二日に関東に下向するので、義久は六月二十日以前に出船せよ」という強い要請があった。この書状は和久甚兵衛が持参して、国元までもたらした。新納旅庵も同行してきた。

今回の使者が前回までと違うのは、ついに家康が義久宛てに起請文を書いたことである。原本・写とも残っていないが、『家久公御譜』に次の内容が伝わっている。

「薩摩・大隅・(日向)諸県のこれまで領知してきた分は、相違なく認める。少将(忠恒)は、その譲りを受けているので、別儀はない。兵庫頭(義弘)はまた龍伯(義久)に等閑なきため、異義には及ばない」

これまでの領地は安堵し、義弘の身柄も保証する、というものである。

寺沢広高は、島津氏の疑いを解くため忠恒に書状を送り、家康の起請文を内見したことを告げ、今回必ず義久の上洛を実現するようにと助言した。家康自身が起請文を書いているのに、それを疑って上洛しなければ家康の顔を潰すことになる。それが何を意味するかは明らかだった。家康は、面子にかけても島津攻めを強行することになるだろう。

しかし、義久は腰を上げようとしない。疑心暗鬼の義久と講和やむなしとする義弘の間で板挟みになっていた当主の忠恒だったが、この最後のチャンスに自身が上洛することを決意した。

義久を取り巻く家臣たち

上洛を決意した忠恒の苦しい心情は、八月十一日付けの義久宛て書状に如実に示されている（『旧記雑録』）。

「今度の上洛は、冨隈衆中から頻りに思い留まるよう言われましたが、義久様へ御奉公しようと深く考えているため、思い留まりませんでした。重ねて起請文で述べたように、義久様に背き自分の身を考えてのことでは毛頭ございません」

忠恒が義久に代わり上洛することについて、義久の家臣（冨隈衆）は反対していた。義久もさることながら、義久の家臣が問題だった。この期に及んで事態がよくわかっていない。

しかし、義久の家臣に従って国元へ留まっていたとしたら、島津家の将来はない。忠恒の上洛の決意は固かった。

そこで八月十日、忠恒は義久に直接会い、起請文の草案を見せた。ところが、これはすべてが義久の気に入らなかった。忠恒は、このあたりの事情を次のように義久に訴えている。

「昨日、起請文の草案を御目に懸けた時、何事も気に入らず、上京することは忠孝に欠ける行いだとの仰せを受け、驚き、嘆息しております」

忠恒は、今更ながら義久との意見の相違に愕然とした。上洛は忠孝の欠けた行為だとまで言われたのである。

義久が忠恒の上洛を望んでいないことは、前から聞いたことがあった。しかし、それはあくまで人を経て聞いた噂であったから、直接説得すれば事態も変わるだろうと思っていた。しかし、案に相違して、義久自身が上洛には絶対反対だった。

忠恒は、弁解しながらも次のように言い切った。

「たとえ上洛は駄目だと仰せ聞かされましても、国家（御家）のためでございますので、私の考えていることを申し上げないではいられません」

忠恒の並々ならぬ決意が見える。

義弘の起請文

なぜ義久はそこまで上洛に反対だったのであろうか。

島津家には、まだ問題が残っていた。義久の義弘に対する疑念である。恭順を表明して上洛するか、徹底抗戦するかで義弘と義久の意見が対立し、家臣団も帖佐衆と冨隈衆に二分され、不穏な噂が流れていた。義久が、忠恒に代えて又四郎（忠仍、以久の孫で母は龍伯の女）を家督に立て、家康に認めてもらおうとしているというのである。

義弘はこの噂について自分の胸にしまい込んで、義久には何も伝えなかった。しかし逆に、「噂を知りながら知らん顔をしているのは、義弘が義久に対し疑心を構えているからだ」と義久に伝える者がいた。

このことを詰問された義弘は、そんな噂は聞いたこともないと弁明し、今後どのように讒言をする者があっても、腹蔵なく申し上げますという旨の起請文を提出した。

おそらく義弘に同様のことを告げる者はいただろうが、義弘は義久に逆らうつもりはないので何も言わなかった。しかし、そのような行動自体が義弘のたくらみを示すものとして、義久に讒言する者がいたのである。この頃の島津家臣団は、複雑な対立関係を内包していたのである。

伊集院忠真の殺害

そんな中でも忠恒はとにかく上洛の途に就いたが、途中義久の許可をもらうため、冨隈へ立ち寄った。義弘も見送りのため冨隈まで来たが、ここで冨隈衆の大反対を受けた。忠恒は彼らを説得した。

「家康様から起請文をいただき、こちらからも上洛するとの起請文を上げました。これを破るなど、起請文の御罰をどのように考えてのことでしょうか」

「起請文の御罰は国分の衆中（冨隈衆）がかぶりますので、是非とも思い留ってください」

冨隈衆は、いくら説得しても上洛を思い留まらせようとした。

忠恒は冨隈衆の説得を断念し、反対を振り切って上洛することにした。義久自身は忠恒の決意に押されて了承したようで、山口直友に宛てて「去年以来の煩い」のため自分は上洛できないが、忠恒が上洛する旨の書状を送った。

この時、忠恒は、庄内の乱の首謀者伊集院忠真を同道している。

忠真は今は島津氏に帰服していたが、八月十七日、日向野尻で狩りを催した忠恒は、その最中に伊集院忠真を殺害させた。同日、富隈においては忠真の弟小伝次が討たれ、谷山においてはその弟三郎五郎と千次が殺害され、母親もまた阿多で殺害された。忠真ばかりでなく、庄内の乱鎮圧の後、京都から国元へ帰っていた母子までが抹殺されたのである。

忠真殺害の理由として上げられている条々を見ると、忠真が義久と義弘の離間をはかろうとして義弘に「冨隈（義久のこと）より惟新様（義弘）を近日御成敗されるということですから、油断しないで下さい」と告げたこと、あるいは「自分は惟新様の御前で戦死を遂げるつもりだ」と義弘に言上したこと、冨隈にいた弟の小伝次も義弘に通じ、冨隈のことを細々と伝えていたことなどが書かれている。

義弘に近いと思われていた伊集院一族は、冨隈方の不審の元であり、恨みの的となっていたのである。

島津氏の対立の背後に伊集院一族の件があり、かれらの動きが不審だったから殺さざるをえなかったのかもしれない。しかし、この時点での伊集院氏の実力がそれほどのものとは思えず、むしろこれは、義久やその背後にいる冨隈衆を納得させるための犠牲だったのではないかと思われる。もともと忠真をよくは思っていない忠恒が、かれらを殺害することによって島津家臣団の結束を強め、上洛を成功させようと思って行ったことではなかっただろうか。

一家四人はいずれも忠恒の鹿児島方か義久の冨隈方で殺されており、義弘の帖佐方は入っていない。義弘が忠真殺害を支持したとは考えにくいが、殺害の理由として示された罪状は、まったくの捏造ではなかっただろう。忠真らは義弘のため実際にいくつかの忠告を行ったのだと思われ、これらの罪状を上げられると、義弘も同意せざるを得なかったのかもしれない。

家康の起請文に応じて上洛するのかしないのか。島津家の内部対立はこのような犠牲者を出さねばならぬほど深刻な段階に到っていたのである。

忠恒、大坂に着く

九月二十三日、日向細島から出船した島津忠恒は瀬戸内海を航行し、十月十日に備後の鞆に着いた。関ヶ原合戦で島津勢が敵中突破を行う際に、家臣に「手を出すな」と命じた福島正則（関ヶ原合戦の後、広島を領地としていた）は、その知らせを受けて是非忠恒に会おうと兵庫で待ち合わせた。十四日に兵庫に着船した忠恒は正則と会い、正則はまず豊臣秀頼へ拝謁することを勧めた。家康は十月二日にまた江戸に帰っており、伏見には山口直友が残っている状況だった。

正則は忠恒に同道して大坂まで引き返し、山口にも大坂へ下向し談合するよう申し遣わしてくれた。関ヶ原で功績を上げ、家康でさえ一目を置く正則がこのように厚意を示してくれることは、島津家にとっては百万の味方を得たようなものである。このような大名たちの行動が家康への圧力になったことだろう。

十月十五日、忠恒は義久・義弘に宛てて正則の懇ろなることを伝え、無邪気に「いつもの信心のおかげで、天道のなせるわざかと存じます」と喜びを伝えている。

さらに正則は大坂で銀子一〇〇貫・米三〇〇〇石を貸与してくれた。また、町屋に宿泊して難儀しているのを見て、屋形まで世話してくれた。

銀子一〇〇貫は八億円、米三〇〇〇石は二億四〇〇〇万円である。正則は忠恒に一〇億円以上をポンと貸したのであり、その経済力と島津氏への厚意の程が窺える。

正則は、関ヶ原での義弘の果敢な行動に感じていた。しかし、ここでこれほどに忠恒に便宜をはかるのは、それだけが理由ではない。正則は同じ豊臣大名でありながら、石田三成憎しの思いから家康に味方し、その浅知恵の結果、家康が圧倒的な勢力を持つことになった。大坂城の豊臣秀頼の行く末を考えると、このままでは危ない。彼は、関ヶ原合戦後、折りにふれて家康を牽制するかのような行動に出ることになるが、島津氏への厚意もそのような気持ちからなされたものだっただろう。

忠恒は、このような首尾を義久に詳しく報告し、誇らしげに書いている。

「私が上京しようとした時、国中の者共がみな気遣いいたしました。この書面の趣を聞かせてやって下さい。鹿児島へも知らせてやって下さい」

若い忠恒の上洛の決意は、決して誤ってはいなかったのである。

この年十月二十五日、忠恒に従って上洛していた新納旅庵が、大坂の宿で病死した。享年五十であった。それまでの彼の心労をよく示しているが、講和が無事成立した安心感もあったことだろう。

島津家の「決算」

大坂へ来た山口直友との談合で、島津忠恒は江戸の家康に到着を告げる使者を派遣することにした。山口の言では、家康は来年は年が悪いと験を担いでいるので、今年中にまた上洛してくるだろうという。

使者を受けた家康は、十一月九日付けで書状を送った。

「大坂に到着したとのこと、もっともです。すぐに上洛しますので、その時に面談しましょう。なお、本多正信が補足して伝えます。謹言」

家康直々の書状を得たのは、忠恒にとって何よりのことだった。もっとも家康の書状は尊大な書き方で、花押ではなく黒印が押してある。関ヶ原合戦の頃までは同格に近かった家康が、この頃には上から島津氏に対している。

十一月二十六日、家康は江戸を発ち、諸所で鷹狩りを楽しみながら上洛の途を進め、十二月二十五日、伏見城に入った。

二十八日、忠恒は福島正則に付き添われて登城し、領地安堵の御礼を言上した。この時、忠恒は銀子三〇〇枚（一億五〇〇〇万円）・紅糸一〇〇斤・緞子一〇〇巻・白糸二〇〇丸・伽羅沈一斤を進上したので、諸人は目を驚かせたという（『舜旧記』）。琉球を介して明や東南アジアの高級品を得ていた島津氏の面目躍如であった。

翌慶長八年（一六〇三）正月、忠恒は家康から帰国を許され、二月中旬鹿児島へ帰着した。二月十六日には、鹿児島城において、重臣一六名を呼び、「御家御安定の御祝言・御振舞」を催した。島津家の関ヶ原合戦は、ここに至ってようやく「決算」を迎えることになったのである。

関ヶ原後の論功行賞を思いのままに実現した家康にとってみれば、もはや課題は、豊臣系大名の合意を得ながら、はやく全国の秩序を回復することにあった。唯一残った島津氏に寛大な処置を取ることでそれが果たされるとすれば、むしろ上出来なのである。過酷な処分を行って島津氏と戦いにでもなれば、島津氏は死にもの狂いで向かってくるだろう。秩序の回復はさらに遅れるし、不測の事態が起こらないとも限らない。家康には、すでに島津氏に断固たる処置を取る必要はなくなっていた。島津氏が逡巡しているうちに、風向きがよい方に変わっていたのである。

島津氏の粘り勝ちと言ってもよいであろう。

合戦当日から実に二年四ヶ月、これが関ヶ原合戦の最後の決着であった。

終　章　関ヶ原の決算

豊臣時代の終わりの始まり

関ヶ原合戦の流れと島津家の決着を見たところで、いよいよ「関ヶ原の決算」に入ろう。なぜ島津家が唯一、西軍として関ヶ原合戦に参加しながら減封も改易もされず、領地を失わずにすんだかはすでにおわかりいただけただろう。

序章で述べたように、関ヶ原合戦当時、大名たちは「公儀＝豊臣家」のために軍勢を率いて出陣した場合、兵糧米を準備せねばならなかった。一〇万石を領していれば兵五〇〇〇人を動員するのが秀吉以後の基準であったから、序章で算出したように一日五合と考えて、その稼働日数分が大名の出費となる。一日で二五石（二〇〇万円）が吹っ飛ぶ計算である。この五〇〇〇人の内には従者である中間や荷駄を運ぶ夫丸、あるいは水夫といった非戦闘員も含まれる。馬の飼料も必要だ。42ページの島津家の編成を参考にすると、騎馬の武士は総数の二%程度、五〇〇〇の軍勢であれば一〇〇騎ほどだろう。馬には一日二升の大豆を与えるから一日に大豆二石が必要である。大豆の当時の価格は米の八割ほどと考えられるので、これが一二万八〇〇〇円。一〇万石の大名であれば、一日二一三万円強の糧食費がかかる計算となる。

こうした出費を大名は蔵入地（直轄領）の年貢で賄うわけである。大名の領地の八割ほどは家臣にあてがうのが通例だったので、大名は残りの二割、一〇万石の大名であれば二万石の収入から支払う。表面上は、年間一六億円の収入と見えるが、年貢の実収は額面の三割ほどであったから、六〇〇〇石として実質は年収四億八〇〇〇万円というところである。もちろん、居城の維持費や直属部隊の鎗や鎧などの装備費などもここから支払われる。一〇万石の領地を与えられた大名とは、年間売上八〇億円（実質は二四億円）の企業の社長を任されたようなもので、四億八〇〇〇万円の年収は高すぎるように見えるが、本社の社屋から通信費や光熱費、社員食堂の維持費までが社長の年収で賄われている状態を想像してほしい。

こうしたことを思い出していただいた上で、この章では関ヶ原合戦という戦でどれほどのお金が動いたのかを見ていく。各大名それぞれの支出までは史料が足りず述べられないが、合戦後に徳川家康が行った論功行賞の結果と併せて見ることで、どの大名がどれほどの「得」をし、「損」をしたかは実感できるだろう。論功行賞には加増（領地増）・安堵（領地の増減なし）・減封（領地減）・改易（領地没収）などがある。

そして何より、この合戦が豊臣時代の終わりの始まりであったことは忘れてはならない。なぜこの合戦を機に家康が強大な力を持つに到ったか、それも示してゆこう。

兵糧米の消費量

まずは関ヶ原合戦で東西両軍が消費した兵糧米について、概算してみる。

徳川家康と彼に従った大名の兵力は、五万五八〇〇人である。家康は慶長五年（一六〇〇）六月十八日に伏見を発ち、江戸に至る。そして会津に向かい、七月二十五日に小山評定、その後、東軍軍勢は上方に向かい、九月十五日の関ヶ原の本戦を経て、九月二十日、大津城に入る。

この間、ほぼ三ヶ月、九〇日である。先に挙げた一日五合の割合で計算すると、次の通りである。

55800人×5合×90日＝25110石

序章で示したように米一石を八万円として換算すると、二〇億八八〇万円となる。

これに、徳川秀忠の軍勢三万八〇〇〇人を加えてみよう。秀忠は七月十九日に江戸を出て、九月二十三日に大津城に入るから、以下の通りである。


38000人×5合×65日＝12350石

これは、九億八八〇〇万円になる。

つまり、三ヶ月の食費だけで東軍は総計二九億九六八〇万円を費やしたことになる。

ただし東軍の場合、大坂から江戸を経由し会津を目指した「往路」と、関ヶ原を経て大坂を目指した「復路」で各大名の懐事情は異なってくる。会津攻めへの従軍は「公儀＝豊臣家」の軍役として行われたから、それぞれの大名が兵糧を運搬したものと思われる。もちろん運搬できる量には限りがあるので、足りなくなれば途中、金銀で調達したことだろう。ただし、小山評定以降、上方へ戻る時は、東海道に居城を持つ大名が城を明け渡したため、それぞれの城に貯蔵された城米が支給されたものと思われる。いわば行きは各大名の「自腹」で、帰りは家康（本来は豊臣家の持ち物ではあるが）の負担だったのである。

一方の西軍は、二大老・三奉行の命で上方に集結した軍勢が九万三七〇〇人とされる。この軍勢の兵糧米は豊臣家の蔵から支給された。命令が出た七月十七日から関ヶ原合戦当日の九月十五日まで六一日である。したがって、以下のように算出される。

93700人×5合×61日＝28578・5石

これは、二二億八六二八万円になる。

ほかに、奥州や九州各地でも戦闘が行われているが、それは除外して総計すると、東西両軍の本隊だけで、わずか三ヶ月のうちに六万三〇〇〇石の兵糧米が消費された。これは五〇億四〇〇〇万円相当になる、この外に馬の飼料も必要だったわけだが、わずか三ヶ月で五〇億円以上の兵糧米が消費されたのである。

この数字をしばし頭の片隅にとどめておいてほしい。

西軍に属した者の「決算」

さて、まず西軍に属した大名から見てゆこう。すでに述べたように、越前敦賀の大谷吉継（六万石）は関ヶ原の合戦中に敗北して自害した。石田三成（近江佐和山一九万三〇〇〇石）・小西行長（肥後宇土二〇万石）・安国寺恵瓊（伊予のうちに六万石）は斬首された。長束正家（近江水口一二万石）は自害、増田長盛（大和郡山二〇万石）は、命は助かったが所領を失った。

これらの大名の財産は、領地や城に残されたものまですべて没収された。また、西軍に属した将兵の金銀や荷物などの財物を預かっている京都や近畿地方の者はすぐに申し出て提出するようにと、家康の奉行である大久保長安らによって命じられた（「成就院文書」『家康』中巻）。残されている文書は清水寺宛てのものなので、戦いの前後に財物を寺院などに預けて保全しようとした武将たちがいたことがわかる。

関ヶ原合戦後、薩摩へ落ちのびた五大老の一人、宇喜多秀家の領地である備前・美作二国五七万四〇〇〇石は当然没収、当面は無主の地となった。

会津一二〇万石の上杉景勝は出羽米沢三〇万石に減封。

毛利輝元については次の項で詳述するが、彼らの決算は言うまでもなく赤字である。

命を失っては元も子もないし、所領を失えば破産同然である。減封ですんだ上杉景勝も、奥羽で出羽山形の最上義光や出羽米沢の伊達政宗と「北の関ヶ原」と呼ばれた戦いを続けて出費がかさんだ上で実に九〇万石の年収減となったのである。

毛利輝元への処分

では毛利家である。先に述べたように、西軍の主将だった毛利輝元は、領地安堵を信じて大坂城を退去することにし、九月二十四日に大坂城西の丸を退去し、木津の毛利屋敷に移った。

翌日、家康から大坂城西の丸の接収を命じられた福島正則・黒田長政・池田輝政・浅野幸長・藤堂高虎の五大名は、輝元に起請文を提出し、大坂城西の丸を受け取った。そして同月二十七日、家康は、大坂城西の丸へ入った。

ところが十月二日のことである。黒田長政が吉川広家に書状を送り、輝元が石田三成らと一味し、署判を据えた文書を諸方に送っていることが明らかになったことを伝え、改易、すなわち所領没収の処分になりかねないことを示唆した。ただし広家は家康に尽くしたとして、中国地方に一、二カ国が下されるだろうことを告げている。

これに仰天したのは広家自身である。独断で家康と交渉し、関ヶ原で動かなかったために本家の毛利家が改易の危機に陥っている。すぐに福島・黒田に起請文を送り、この度のことは輝元の心底に出たことではなく、安国寺恵瓊に騙されたものだとし、毛利家を残してほしい旨を懇願している。

家康も心底では毛利家を潰すつもりはなく、過酷な条件でも呑むように脅しただけだったろう。

家康は十月十日付けで毛利輝元・秀就父子に起請文を発給し、「周防・長門両国進じ置き候事」と周防・長門二カ国の保有を許した。

これまでの所領が中国地方七カ国（安芸・備後・周防・長門・出雲・石見・隠岐）に備中・伯耆の一部を加えた一一二万石という広大な領地を誇った毛利氏は、周防・長門二カ国三六万九〇〇〇石だけを残されたのである。実に七五万一〇〇〇石のダウンである。

こうして中国地方には宇喜多秀家の五七万四〇〇〇石と合わせた一三二万五〇〇〇石という広大な空白地が生まれることとなった。

これは当然、家康が東軍諸将の論功行賞を行う際の原資となった。

主な東軍方豊臣系大名の加増転封

さて、では東軍を見てゆこう。

徳川家康の論功行賞の「元手」となったのは、これまで述べてきた主な西軍方の大名のほかにも多数いた敗将たちの領地はもちろん、石田三成を討つとして東軍諸将が東海道を上る際、海道筋に領地を持つ者は城を家康に明け渡したが、その領地もまた対象となった。福島正則の尾張清洲城などもそうである。彼らは家康が城を返却してくれれば元の領地に帰ることができたが、家康にそのつもりはなかった。このほか、わずかながらいた西軍から東軍に寝返った者、東軍に寝返ったもののその機が遅すぎた者などが改易、減封の憂き目に遭い、領地を失っている。

家康はこうして得た莫大な「元手」を単純に分け与えるようなことはしなかった。家康はこの機会に諸大名の領地の大移動を行ったのである。自身の一族や部将、忠実な大名を重要な地に置き、危険な大名は遠ざける。これが家康を次の天下人とするひとつの基盤となったが、このとき、遠地などに移封される大名には「元手」から大量の加増を行うことで納得させたのである。

家康が一番気を遣ったのは岐阜城攻め、関ヶ原の本戦と活躍した尾張清洲の福島正則（二〇万石）である。

こんなエピソードがある。

家康は尾張清洲に代えて、毛利家旧領の内、安芸・備後二国（四九万八二〇〇石）を正則に与えようとしていた。使者を命じられた本多忠勝と井伊直政の二人は、「もし正則殿が二国では不足だと思ったらどうしようか」と思いながら、間をとり、おそるおそる両国進上を正則に告げた。すると正則は思いのほか機嫌がよく、「過分に存じ奉る」と返答した。このため二人は大喜びした、というのだ（「慶長年中卜斎記」）。

本多らが正則にたいへん気を遣っていたことがよくわかる。また、徳川方では正則の功績は二国進上以上の価値があるものと考えられていたのである。

正則は二・五倍の大幅加増を得たわけで、その意味では「過分」であったが、出身地でもあり、もと主君である信長が領した尾張から、毛利氏の旧領、しかも毛利氏の周防と国境を接する安芸への移封を素直に喜んでいたかどうかはわからない。しかし、すでに清洲城を明け渡していた正則にとって、ほかに選択肢はなかっただろう。

正則と並んで岐阜城攻めに大きな功績のあった三河吉田の池田輝政（一五万二〇〇〇

石）は播磨姫路五二万石に移封、正則を上回って三倍以上の領地を得た。輝政にとっては上々の首尾だったろう。

甲斐府中の浅野幸長（二一万五〇〇〇石）は、紀州和歌山三九万五〇〇〇石に移封した。これも二倍近い加増である。枢要の地である大坂の南に大きな領地を得、幸長は素直に喜んだはずだ。

念のために言っておけば、これらの石高は後に言い慣わされた数値である。当時においては少し実態とは違ったようで、細川忠興は家老の松井康之に次のように述べている（『松井文庫所蔵古文書調査報告書』三―四六四）。

「福島正則は安芸・備後を拝領しました。両国は三八万石ほどの領地高なので、二倍にはなっていません。池田輝政は播州（姫路）を拝領しました。浅野幸長は紀伊を拝領しました。高野山領は除かれたので、二五万石です。そうなると、ようやく一万石ほどの加増にしかなりません。畿内に近いということでそうしたという噂です」

忠興は、正則や幸長には意外と加増が少ないと思ったようである。両人は満足したようだが、功績の大きさのわりにはたいした果実を得ることができなかったという見方もできるかもしれない。

その忠興自身は、丹後宮津一一万石から豊前一国に移され、豊後二郡の領地と合わせて三四万石を与えられた。元の丹後の領地の年貢も慶長五年（一六〇〇）に限って収納してよいこととされた。この年の旧領の年貢収納を認めたのは、関ヶ原合戦における兵糧米の手当だろう。

小早川秀秋を始めとする西軍諸将へ寝返りを勧めた豊前中津の黒田長政（一八万一九〇〇石）は筑前一国五二万三〇〇〇石の大封を与えられた。筑前は元は小早川秀秋の領地であり、秀秋は宇喜多秀家の領地だった備前・美作の二国（五七万四〇〇〇石）を与えられて移った。元が三五万七〇〇〇石なので秀秋の加増は二一万七〇〇〇石で、九州から畿内に近づいたので面目は保てたろうし、最初は西軍に属していたのだから、安堵したことだろう。

勝敗を決する寝返りを実際に行った秀秋への家康の評価がその程度であったのに対して、長政は三倍増と大幅加増である。もともと長政は恩賞として「一に伊予、二に筑前、三に豊前」を望んでいる、と井伊直政に伝えていた。家康は長政に、四国筋で二国、あるいは筑前一国のどちらかを与えようと思うがどうか、と本多忠勝を介して尋ねた。長政は筑前一国を望み、確定したという経緯があった（「黒田長政遺言覚」）。

家康の論功行賞は、このように人を見て巧みに行っている。重要なことは、与えた領地は実は必ずしも家康のものではないのである。本来、全国の土地は主家である豊臣氏のもので、与えるとしたら秀頼の名で宛行《あてが》うべきものだった。しかし、家康はそのあたりを曖昧にした。

たとえば毛利氏に対しては、先に紹介した家康起請文で「進じ置き候事」という形で与えている。「宛行った」わけではなく、「進呈した」という形である。誰のものかということはぼかされている。また、その外の大名には、使者を遣わして加増転封を打診し、相手が納得すればそのまま転封させ、誰が誰に領地を認めたかという公式文書である領知宛行状は発給していない。家康は、自分の思惑だけで戦後処理を行ったのである。

その他の東軍大名への加増

家康が京へ上る際の生命線となる東海道筋の城を明け渡した大名たちを見てみよう。

いわゆる「小山評定」で城明け渡しの提言は行ったものの、関ヶ原合戦では南宮山の毛利勢に備えていただけの遠江掛川・山内一豊（五万九〇〇〇石）は、長宗我部盛親の領地土佐一国が与えられ、二〇万二六〇〇石へと大幅加増となった。一豊の発議が、いかに家康に感謝されたかということである。

一豊の提供した城米が返済されたという記録はないが、この大幅加増である。収支決算は大幅なプラスだ。あるいは後述する細川氏のように、兵糧米供出の手当としてこの年分の年貢が与えられた可能性もあり、それならなおさらのプラスである。

遠江浜松の堀尾忠氏（一二万石）は毛利氏の旧領・出雲松江二四万石に加増されて移封。三河岡崎の田中吉政（一〇万石）は小早川秀包の旧領・筑後久留米と立花宗茂の旧領・筑後柳川あわせて三二万五〇〇〇石に移封した。

ちなみに領地を没収された立花宗茂は、命は助けられ、浪人した。家臣の多くは肥後一国の領主となった加藤清正（五二万石）に預けられた。清正は肥後の北半国一九万五〇〇〇石を領していたが、小西行長の領地であった同国の南半国を占領、家康はこれをそのまま認めた。宗茂は、いつか領地を回復する機会があるかもしれないと期待し、慶長八年（一六〇三）四月二十九日付けの島津義弘の書状に伏見から返信して次のように述懐している（『旧記雑録』）。

「長々決着が付かず、困惑していることは御推察もできないほどです。しかしながら、内々は別儀もないことなので、今日か明日かと沙汰を待ち、日を暮らしています」

事態が変わったのは、家康が秀忠に将軍職を譲った慶長十年（一六〇五）からである。宗茂は新将軍秀忠に拝謁し、翌慶長十一年頃、陸奥国棚倉に一万石を与えられて大名に復帰した（中野等『立花宗茂』）。そして元和六年（一六二〇）、関ヶ原の功績で筑後一国を領していた田中吉政の子忠政が没して無嗣断絶となると、宗茂に旧領柳川が与えられ、山門・三池・三潴・上妻・下妻五郡において一〇万九六〇〇石余を領知することになった。これも義弘同様、筋を通す人物であることが認められていたからだろう。武将としての宗茂は高く評価されており、秀忠も宗茂を御咄衆としてしばしば側に呼んだ。

こうして東軍に味方した大名に大幅加増した家康自身は、駿河・遠江・三河という旧領を復しただけではなく、福島正則の尾張、浅野幸長の甲斐も我が物とした。このうち尾張は正則の旧領だけでなく、周辺の領地も含め五二万石を四男松平忠吉に与えた。関ヶ原合戦で先陣を務めた恩賞である。同様の働きをした井伊直政には、石田三成の旧領近江佐和山（彦根）一八万石が与えられた。家康の勢力は江戸から遥か京のすぐそばまで伸びたことになる。

「北の関ヶ原」の処分

このほかに大がかりな除封・減封としては、すでに述べたように、慶長六年（一六〇一）七月に上洛して講和した会津の上杉景勝（一二〇万石）が、出羽米沢三〇万石と領地を四分の一に削減された。会津のうち六〇万石は、景勝の前に会津を領していた蒲生秀行に与えられた。蒲生家は秀吉時代に会津九二万石から宇都宮一八万石への移封という悲運に遭っており、関ヶ原の際には秀忠の西上後、背後を固め、上杉景勝を封じ込める役割を担ったことを評価されたものだろう。

出羽山形の最上義光（二四万石）が五七万石に加増され、陸奥大崎の伊達政宗（五八万石）が六〇万五〇〇〇石に加増されたのも、やはり上杉景勝を会津に釘付けにした功績によるものである。

慶長七年（一六〇二）五月に講和した常陸の佐竹義宣は、先に述べたように二股をかけたことを憎まれ、五四万五八〇〇石から出羽国秋田郡など六郡と下野国二郡の二〇万五八一〇石に減封され、秋田に移った。その出羽国秋田郡などを領していた秋田実季（一九万石）は東軍に属していたが、「北の関ヶ原」である慶長出羽合戦において最上義光と確執を生じ、それが原因となってもとの佐竹義宣の領地のうち常陸国宍戸五万石に減封されて移った。こうして関東以北で生じた空白地は一三八万石にも上った。

越前では敦賀の大谷吉継（六万石）を始めとして、北ノ庄の青木一矩（二〇万石）、大野の織田秀雄（五万石）、越前内の赤座直保（二万石）ら中小大名の領地が没収されるか移封となり、六七万石が空白となった。ここに家康の次男である下総結城の秀康（一〇万一〇〇〇石）が大幅に加増されて移った。これは関東の留守を守った功績による

西軍が失い、東軍が得た総額は？

ではここで、各大名家にとっての「関ヶ原の決算」を見てみよう。

総計すると、西軍につくなどしたために領地を失った除封大名は九〇家、その総石高は四三八万三六〇〇石となる。単純に石高の半分が年貢収入（五公五民）だったとして計算すると、これは年間で一七五三億四四〇〇万円の収入を失ったのに等しい。また、減封大名が失った領地は総計二三二万九五〇〇石（九三一億八〇〇〇万円）。このうち毛利輝元・佐竹義宣・上杉景勝・秋田実季の減封四家の総減封石高が二二一万五九〇〇石を占める。除封大名の二分の一、減封大名の九五％にも及ぶ。関ヶ原合戦前、いかに

彼らが巨大であったかということでもある。

これらを合算すれば、敗者は総計六七一万三一〇〇石もの領地を取り上げられたことになる。

当時の全国の検地高は一八五〇万石余である（「慶長三年蔵納目録」『大日本租税志』所収）。関ヶ原合戦一戦で、三六・三％が空白地となったわけで、まさに「天下分け目の合戦」と呼ばれるのも無理はない規模である。この空白地が東軍の諸大名に分け与えられたのである。

こうして動いた額は、現代のお金で考えれば、実に二六八五億二四〇〇万円。石高とは言い換えれば武士の年収である。日本の人口が一二〇〇万人程度、そのうち武士は数％という時代である。その時代の日本全体での武士の年収が一八五〇万石、七四〇〇億円ほどだと考えると、そのうち三六・二％、二六八五億二四〇〇万円が敗者から勝者に移動したわけである。関ヶ原合戦が、敗者と勝者のその後の運命にあまりに大きな影響を及ぼしたことは火を見るより明らかだろう。

大きな影響があったのはもちろん各大名家だけではない。

なによりこの戦いの結末が、特にお金の面での結末が、その後の歴史を左右するほどに決定的な意味をもたらしたのはまさに徳川家と豊臣家にであった。

その点を最後に指摘して本書を締めくくることとしよう。

関ヶ原以前の豊臣家の財政事情

関ヶ原合戦が、単に徳川家康の東軍と石田三成の西軍の争いだと考えるならば、加増と減封は以上で決着のはずである。家康も三成も「秀頼様の御為」を標榜していたのだから豊臣家は無傷のはずなのだが、秀頼は関ヶ原合戦後、摂河泉三カ国（摂津・河内・和泉三国のこと）の大名に転落した、というのが通説となっている。それはなぜなのか。

まず、「関ヶ原以前」の豊臣家の財政の基盤を見てみよう。

豊臣家の蔵入地（直轄地）は、「慶長三年蔵納目録」を集計すると二二二万石。慶長三年（一五九八）時点の全国の検地高一八五〇万石余のうち、その一二％もの割合を占めている（次のページ参照）。

このうち、秀吉の本拠である大坂城を中心にした摂津・河内・和泉の検地高は七三万九六八八石。これらの地域には秀吉の家臣の知行地も設定されていたから、蔵入地は四六万四〇三〇石である。その割合は六二・七％で、現代のお金にして一八五億六一二〇

道	国	検地高	豊臣氏蔵入地	道	国	検地高	豊臣氏蔵入地
五畿内	山城	225,262	84,869	山陰道	丹波	263,887	55,174
	大和	448,945	100,462		但馬他	717,866	7,500
	摂津	356,069	210,031		計	981,753	62,674
	河内	242,106	156,535	山陽道	播磨	358,534	112,203
	和泉	141,513	97,464		備後他	1,265,490	2,503
	計	1,413,895	649,361		計	1,624,024	114,706
東海道	伊勢	567,105	102,514	南海道	紀伊	243,550	55,418
	尾張	571,737	144,674		伊予	366,200	70,978
	遠江他	3,319,808	72,223		淡路他	470,004	42,209
	計	4,458,650	319,411		計	1,079,754	168,605
東山道	近江	775,379	231,062	西海道	筑前	335,695	186,077
	信濃	408,358	55,265		豊後	418,313	168,211
	美濃他	3,439,362	78,592		薩摩他	1,635,781	40,028
	計	4,623,099	364,919		計	2,389,789	394,316
北陸道	越前	499,411	131,637	合計		18,509,043	2,223,641
	加賀他	1,438,668	18,012				
	計	1,938,079	149,649				

豊臣期の主な諸国検地高・豊臣氏蔵入地一覧　単位：石
山口啓二『幕藩制成立史の研究』による。

万円。これが豊臣家の直接的な年間収入であった。

この収入が秀吉の権力基盤であったことは間違いないが、しかし、秀吉の蔵入地はこの三国だけでなく全国にあったのである。

朝廷の所在地である山城・大和は摂河泉同様、秀吉が押さえていた地域であり、蔵入地が多く設定されている。山城は検地高二二万五二六二石のうち八万四八六九石、大和は検地高四四万八九四五石のうち一〇万四六二石が蔵入地である。

このほか、秀吉の蔵入地が一〇万石以上設定されている国が七カ国ある。

伊勢一〇万二五一四石、尾張一四万四六七四石、近江二三万一〇六二石、越前一三万一六三七石、播磨一一万二二〇三石、豊後一六万八二一一石、筑前一八万六〇七七石である。

この九カ国だけでも一二六万一七〇九石である。摂河泉三カ国の四六万石余のほか豊臣家蔵入地は全国各地に散在して、合計すると二二二万三六四一石にも上り、豊臣家は五公五民とすれば米だけで年八八九億円もの収入があったのである。

こればかりではない。豊臣家は主要な鉱山も蔵入地としていた。佐渡金山、石見銀山、生野銀山などの運上高は、上の表と次ページの表に見るように、慶長三年（一五九八）には金山から三三九七枚余、現代のお金にすれば約一一九億円、銀山からは七万九四一五枚余、約二七八億円である。つまり総計三九七億円もの莫大な富が毎年豊臣家に流れ込んでいたのである。

国	所在	運上金
越後		1,124
佐渡		799
陸奥	伊達領	700
常陸	佐竹領	221
出羽	最上領	163
但馬	中瀬金山	127
出羽	庄内	97
その他		166
計		3,397

金山運上高（慶長3年）　単位：枚

これらを合算しただけでも豊臣家は年に一二八六億円もの実収入があったことになる。一〇〇万石の大名であっても、配下の武将に知行を分け与えたあとの蔵入地からの収入が四

○億円程度だったことを考えると、これは圧倒的な財力だったわけである。

秋田実季に見る蔵入地接収

この豊臣家蔵入地接収の事情を、出羽秋田の秋田実季が管理していた豊臣家蔵入地の事例から詳しく見ていこう。

東北大学図書館所蔵の「秋田家文書」に、秋田実季が慶長九年五月二十五日付けで豊臣秀頼の家老片桐且元に送った算用状がある。

国	所在	運上銀
但馬	生野銀山	62,267
因幡		9,282
中国所々	石見銀山他	4,869
越中	よしの山 かたかけ山	1,490
その他		1,507
計		79,415

銀山運上高(慶長3年)　単位:枚
山口啓二『幕藩制成立史の研究』による。

題名は、「秋田之内御蔵米御算用状之事」で、秋田にあった「御蔵米（豊臣氏蔵入地の年貢米）」の算用状（計算書）である。すなわち実季は、自分が管理していた豊臣家蔵入地の決算書を秀頼の家老に提出しているのである。

これによると、慶長二年の「払残之米（秋田家から豊臣家に支払っていない年貢米）」が一万二〇二〇石余、慶長三年の「納物成（上納すべき年貢）」が三九二三石である。以下、同四年が四四八三石九斗、同五年が三九二三石、同六年が二六〇二石である。これらを合算すると、二万六九五二石余である。

　実季は、預っている豊臣家蔵入地の分の年貢（物成）は豊臣家に支払う必要があった。ただし、豊臣家のために使った分は控除して支払うことになる。

　一三二〇石――慶長四年に伏見城の作事（建設工事）があった時、それに使う秋田杉の板を一〇〇〇間、秋田で切り出すのにかかった費用。

　一七四六石八斗一升八合――その杉板を敦賀まで運んだ船賃。

　この両者を合わせて三〇六六石余である。

　そして二〇〇五石は、関ヶ原合戦の一部である慶長五年の「会津御陣」の時、最上まで出陣し、また由利矢嶋一揆が起こった時、仙北大森まで出陣し、さらに慶長六年四月、庄内酒田まで出陣した時、配下の兵士の扶持方（日当）として使った、と記載されている。これは現在の金額にして一億六〇四〇万円で、決して少ない額ではない。実季はそれを「小日記（帳面）」に書き付けて証明書としている。

　その控除分の総計が五〇七一石余で、残りの二万一八八〇石余は実季がまだ預かっていた。これは豊臣氏に上納されたことだろう。

興味深いのは、会津御陣以降の出陣は豊臣家から支払われるべき、いわば公的な軍事行動であったと実季が認識していたことである。これはすなわち、豊臣家蔵入地が関ヶ原合戦の結果とは関係なく、存続すべきものだったことを示している。

しかし、秋田に一九万石の領地を有していた実季は、慶長七年（一六〇二）、佐竹氏の秋田移封に伴って常陸宍戸に五万石に減封されて移った。その時、豊臣氏蔵入地預かりの任務も解かれたので、算用を慶長六年（一六〇一）で締めたのである。秋田の豊臣氏蔵入地は、秋田に移封された佐竹氏の領地となり、消滅した。

島津領での太閤検地を思い出してほしい。

あのとき、島津義弘は家臣に所替えを命じることで、検地での増加分を島津家の蔵入地（直轄地）の増加分に繰り入れた。三〇〇石の領地を持つ家臣の領地で検地の増加分が二〇〇石あったとしたら、その家臣を移動させ、別の領地で三〇〇石を与えれば家臣は名目上損をしないし、島津家は二〇〇石のプラスとなり、家臣への加増分の原資が出来る。

同様に、豊臣家の蔵入地を管理する大名を移封すれば、蔵入地は宙に浮き、家康にとっては加増分の原資となったのである。

国奉行が果たした役割とは

こうした移封による豊臣家蔵入地の消滅と加増分原資の増加の他に、家康が関ヶ原以後に行ったのは、豊臣家蔵入地や秀頼直臣の領地が多く散在していた山城、大和、近江、丹波、但馬、備中、伊勢、美濃などの諸国に「国奉行」という役職を置いたことだった。山城は京都所司代の板倉勝重、大和と美濃は大久保長安、備中は小堀遠州（政一）といった家康の側近的家臣が国奉行に任じられた（高木昭作『日本近世国家史の研究』）。

高木氏によると、国奉行は慶長十年代（一六〇五〜一六一五）に置かれ、任務は以下のものだった。

①その国の国絵図や郷帳を作成し、管理する。
②その国に新たに知行を与えられた給人に対して知行地を割り付け、引き渡す。
③給地・蔵入地を問わず、国の全域から千石夫を徴収し、各地の城普請や国内の堤普請を指揮する。

慶長八年（一六〇三）、家康は征夷大将軍に任ぜられ、幕府を開いている。おそらく家康は、領地の所有者が錯綜していたこうした地域に国奉行を置くことで、その地域の豊臣家蔵入地を幕府の直轄地扱いとし、新たに知行地を割り付けていったのである。この地域に従来から知行を持つ一万石未満の秀頼直臣は、幕府支配下にあっては、制度上は旗本（一万石未満の家康の直臣）として掌握されることになったのだ。

これは秀頼が幼少であり、関ヶ原合戦で石田三成が敗れたため、関ヶ原合戦の勝利者である家康の思いのままにされたためである。豊臣氏五大老の筆頭だった家康はそれなりの正当性を主張できる立場であり、誰も文句をつけることはできなかった。

摂津・河内・和泉の三国でも、秀頼の家老である片桐且元が国奉行同様の任務を委ねられている。これは摂河泉三国が秀頼の領国として確保されたことを示してはいるが、この且元は慶長六年（一六〇一）一月二十八日、家康の計らいで秀頼から一万八〇〇〇石の加増を受けるなど、秀頼の家老ではあったが家康から取り立てられた存在であった。そのため且元は、家康からの指示を受けて行動している。

たとえばもともと近江など豊臣家蔵入地のあった場所で知行を宛行う時は、且元は家康の代官頭の大久保長安・加藤正次・彦坂元正・小出秀政らと連署して知行目録を発給している。且元が加わることで、豊臣家蔵入地の処分に正当性が付与されたのだろう。

つまり、国奉行とは、封建的土地所有を社会的な体制とするために伝統的な国家の枠組みを利用した（高木、前掲書）というようなことではなく、豊臣家蔵入地を家康が管理するために豊臣家蔵入地の多い国に置いた戦略的な役職だった。そのため、豊臣家滅亡後には不要となり、消滅することになる。

国奉行を置くことで、家康は豊臣家蔵入地と秀頼の直臣を自らの支配下に入れることができたのである。

関ヶ原合戦の総決算

関ヶ原合戦後、このようにして、全国に分布していた豊臣家蔵入地と秀頼直臣領は秀頼の手から離れてゆき、家康の思うがままにされた。

家康は豊臣家蔵入地を西軍大名からの没収地と同様に、あたかも自分の財産であるかのように諸大名や一門や配下の武将に与えた。

摂河泉以外に知行を持っていた秀頼直臣は「大坂衆」と呼ばれ、合戦後も秀頼の家臣として遇されはしたが、秀頼の直接的な支配からは離れることになった。中には、船越景直のように摂津と河内に四六四〇石もの領地を持ちながら、関ヶ原合戦で東軍に属して戦い、そのまま家康に仕える者もあった。

秀頼が喪失した財産はこれだけではない。巨額の富を生みだす主要な鉱山も秀頼の手から離れ、家康の直轄地となった。

こうして秀頼の手元に残ったのが、摂河泉七三万九六八八石なのである。

いわば、この三カ国の領地以外にあった経済的基盤と家臣をすべて家康に奪われたのであり、秀頼が戦ったわけでもないのに、関ヶ原合戦後に「三カ国の大名に転落した」というのは、このように全国に分布していた豊臣家蔵入地と金銀山からの運上収入を失ったということなのである。関ヶ原合戦以前の年収一二八六億円が一八五億円になってしまったと言えば、その凋落ぶりは明らかだろう。秀頼のために挙兵した三成だったが、主家に残した損害はあまりに巨額であった。

豊臣家は慶長八年（一六〇三）の幕府成立後も徳川家を含む諸大名の名目的な主家として権威を保持し続けるが、経済基盤はほとんど喪失した。

では、徳川家康の総決算を見てみよう。

西軍側諸大名が失った総石高は前に述べたように六七一万石余。

これに対して、東軍側の豊臣系大名は四二五万石の加増を受けている。

また、家康の四男・松平忠吉の尾張五二万石移封や次男・結城秀康の越前六七万石移封など、家康の子供の大幅加増や譜代の家臣たちの加増がほぼ二二〇万石。

これら加増分を集計すると六四五万石となり、家康自身の収支決算は二六万石ほどのプラスにすぎない。新たに得た領地を、ずいぶん気前よく我が子や諸大名に配分したように見える。

しかし、先にも述べたように家康は、目立たないところで大きな果実を手にしていたのだ。言わずと知れた豊臣氏蔵入地と金銀山である。

豊臣氏蔵入地は摂河泉の四六万四〇三〇石を除いて全国に一七六万石ほど。これが家康のもとに入ったとすれば、二〇二万石ほど家康の蔵入地が増えたことになる。この収入は、八〇八億円にものぼる。一三一ページでも述べたように、元々家康が持っていた蔵入地は一五一万石。これは年収六〇四億円である。

これに加えて、金銀山からの運上金が年に三九七億円ある。つまり、家康は、関ヶ原合戦の勝利によって、一挙に毎年一二〇五億円の収入を産む領地と金銀山を獲得し、年に一八九〇億円という戦前の豊臣家を上回る財力を得たのである。さらに言えば、一門、譜代の領地二二〇万石を加えれば、実に五七三万石が徳川家の実質的な支配下に入ったことになり、これは日本全土一八五〇万石余の三割に相当する。その頂点に立つ家康は、まさに天下人となったのである。

そして、この家康が奪った秀頼の蔵入地と金銀山こそが、慶長二十年（一六一五）の大坂夏の陣で豊臣家を滅ぼす原資となり、二六〇年続く江戸幕府の重要な経済基盤となる。

江戸幕府は、まさに豊臣秀吉の遺産の上に成り立っていたのである。

著者の山本博文さんは、がん闘病中でしたが本書の校正をすべて終え、直後の二〇二〇年三月二十九日に永眠されました。謹んでご冥福をお祈りいたします。

新潮新書編集部

山本博文　1957(昭和32)年岡山県生まれ。東京大学史料編纂所教授。専門は近世政治史。『江戸お留守居役の日記』で日本エッセイスト・クラブ賞受賞。『島津義弘の賭け』『「忠臣蔵」の決算書』など著書多数。

Ⓢ新潮新書

859

「関ヶ原《せきがはら》」の決算書《けっさんしょ》

著　者　山本博文《やまもとひろふみ》

2020年4月20日　発行
2020年6月15日　2刷

発行者　佐藤隆信
発行所　株式会社新潮社
〒162-8711　東京都新宿区矢来町71番地
編集部(03)3266-5430　読者係(03)3266-5111
https://www.shinchosha.co.jp

印刷所　株式会社光邦
製本所　株式会社大進堂

ISBN978-4-10-610859-4 C0221